A REVOLUÇÃO DE 1930

RODRIGO TRESPACH

A REVOLUÇÃO DE 1930

O CONFLITO QUE MUDOU O BRASIL

Rio de Janeiro, 2021

Copyright © 2021 por Rodrigo Trespach

Todos os direitos desta publicação são reservados à Casa dos Livros Editora LTDA. Nenhuma parte desta obra pode ser apropriada e estocada em sistema de banco de dados ou processo similar, em qualquer forma ou meio, seja eletrônico, de fotocópia, gravação etc., sem a permissão dos detentores do copyright.

Diretora editorial: *Raquel Cozer*
Coordenadora editorial: *Malu Poleti*
Editoras: *Diana Szylit e Laura Folgueira*
Revisão: *Andréa Bruno e Mel Ribeiro*
Capa: *Douglas Lucas*
Projeto gráfico: *Anderson Junqueira*
Diagramação: *Abreu's System*
Tratamento de imagens: *Juca Lopes*
Ilustração da capa: *Ana Luiza Koehler*

Dados Internacionais de Catalogação na Publicação (CIP)
Angélica Ilacqua CRB-8/7057

T732r

Trespach, Rodrigo
A Revolução de 1930 : o conflito que mudou o Brasil / Rodrigo Trespach. – Rio de Janeiro: HarperCollins, 2021.
224 p. : il. (Guerras do Brasil /Luiz Bolognesi)

Bibliografia
ISBN 978-65-5511-141-5

1. Brasil - História 2. Brasil - História - Revolução, 1930 3. Política e governo - Brasil - História I. Título II. Bolognesi, Luiz

21-0953   CDD: 981.06
                           CDU: 94(81).081

Os pontos de vista desta obra são de responsabilidade de seu autor, não refletindo necessariamente a posição da HarperCollins Brasil, da HarperCollins Publishers ou de sua equipe editorial.

Rua da Quitanda, 86, sala 218 — Centro
Rio de Janeiro, RJ — CEP 20091-005
Tel.: (21) 3175-1030
www.harpercollins.com.br

Aos amigos Tiago Rufino
e Anderson Alves

O Brasil pretende ser considerado um país civilizado; pois bem, o Brasil não dispõe das duas condições mais rudimentares e essenciais para tal, porque o Brasil não tem representação e não tem justiça.

Joaquim Francisco de Assis Brasil, 1925

SUMÁRIO

Apresentação, por Luiz Bolognesi	11
1. A *belle époque* tropical	17
2. A República Velha (1889–1930)	41
3. As revoltas tenentistas (1922–7)	63
4. A Aliança Liberal (1929)	87
5. A Revolução Liberal (1930)	111
6. O golpe de 24 de outubro (1930)	133
7. O governo provisório, a Guerra Paulista e a nova Constituição (1930–4)	155
8. A Intentona Comunista, o integralismo e o Estado Novo (1935–45)	177
Agradecimentos	197
Linha do tempo	199
Personagens históricos	203
Referências	213

SUMÁRIO

APRESENTAÇÃO

Sem compreendermos de onde viemos e por que vivemos como vivemos, somos incapazes de influenciar nosso próprio destino. Rumamos à deriva, como uma caravela sem sol nem estrelas, uma aeronave sem GPS nem radar. Entender o passado e ter consciência dos fatos históricos que pariram nossa realidade é imprescindível para transformar o presente num futuro melhor.

Foi com esse sentimento que decidi produzir e dirigir a série *Guerras do Brasil.doc*, que estreou em 2019 e se aprofunda na série de livros da qual faz parte este *A Revolução de 1930: o conflito que mudou o Brasil*. Os documentários permitem um primeiro voo sobre os temas, enquanto os livros proporcionam um mergulho intenso, com a possibilidade de ver mais paisagens, conhecer melhor os personagens, sentir a temperatura dos conflitos que empurraram o país para a encruzilhada em que vivemos hoje.

Não podemos esquecer que, enquanto aconteciam, os fatos do passado eram presente. No momento em que a história acontece, ela é um *thriller* de suspense, porque os personagens tomam decisões sem saber no que vão dar. É assim que leio livros de história desde os 7 anos: como quem mergulha numa série de suspense. Mas há uma diferença eletrizante e angustiante: tudo é real. Diante de um livro de história, sentado no banco do ônibus ou deitado na rede de casa, percebo que sou o resultado dos acontecimentos que estão narrados ali.

A série de livros *Guerras do Brasil.doc* é fruto de dois anos de pesquisas em fontes primárias e interpretações de historiadores, antropólogos, filósofos, jornalistas e até psicanalistas, respeitando os lugares de fala dos pensadores e historiadores. A maneira de contar a história une o rigor histórico ao esforço de produzir uma narrativa emocionante, desafiadora, repleta de dilemas, enigmas e questões polêmicas, como a vida.

Um aspecto muito importante é que, ao mesmo tempo que se preocupam em fazer uma narrativa dinâmica e envolvente, os autores levam em conta o fato de que a história também é uma luta de diferentes interpretações. Quando realizei os documentários, entrevistei historiadores e especialistas de diversos matizes ideológicos. Ouvimos historiadores das linhas de pensamento crítico-progressista, liberal e conservadora. Do mesmo modo, os autores que convidei para escrever esta série pesquisaram em diversas fontes e distintas interpretações. O que você vai encontrar neste livro é o resultado de um mergulho ético e apaixonado nos acontecimentos que, ao longo dos séculos, moldaram o Brasil de hoje.

Ao contrário do que muitos dizem, o Brasil não é, nem nunca foi, um país pacífico. Essa tentativa de construir, pela linguagem, uma percepção de país que se opõe às suas características históricas, ou seja, o mito de que somos todos irmãos, amáveis, tranquilos e vivemos em paz num território abençoado, é uma mentira construída por aqueles que desejam que tudo continue como está, com uma minúscula elite econômica desfrutando todas as riquezas e opulências enquanto a imensa maioria do país vive em condições abaixo da dignidade aceitável, sem acesso à infraestrutura de água, saneamento, saúde, alimentação, transporte, educação, cultura e lazer. Ao contrário da narrativa oficial de que o Brasil é pacífico, os fatos históricos apresentam um país marcado por guerras e conflitos violentos.

Muito antes de os europeus chegarem, os conflitos se desdobravam entre os povos nativos ao longo de nosso território de diferentes modos e por motivos distintos. Os povos tupis, por exemplo, estavam envolvidos em guerras de vingança com um poderoso sentido simbólico e cosmogônico, enquanto outros povos viviam em razoável tranquilidade. O processo colonizador introduziu uma forma de violência homogênea, organizada em constantes brutalidade e controle do Estado sobre a população, sendo marcado por massacres e guerras em sequência até desembocar na realidade atual, em que, todos os anos, morrem aproximadamente 60 mil jovens de "morte matada", em sua maioria negros e "pardos", como definem os boletins policiais.

A maior guerra das Américas em número de mortos foi a chamada Guerra do Paraguai, um conflito deflagrado pelo choque de interesses entre o tirano paraguaio Solano López e o imperador brasileiro Pedro II pelo controle político do Uruguai. Soldados em farrapos lutaram contra indígenas guaranis do lado paraguaio para defender interesses desses dois líderes brancos mimados. O conflito trágico levou à morte mais de 300 mil pessoas, inclusive mulheres e crianças.

Entre as inúmeras consequências dessa guerra, a ascensão da classe militar nos bastidores políticos é uma que marca a história do nosso país até os dias atuais. A partir desse conflito, os militares brasileiros passaram a protagonizar intervenções golpistas na vida política do país com frequência. Tanto a derrubada da monarquia, em 1889 — que colocou a aristocracia agrária no controle do Executivo por quarenta anos —, quanto o golpe de 1930 — que traria modernizações importantes à vida política e econômica do país, deslocando o controle da aristocracia agrária do Executivo para o Legislativo, onde está aninhada até os dias de hoje — foram movimentos protagonizados por militares. Em 1889, marechais; em 1930, tenentes.

Nossa história é a história de uma colonização feita por meio de repressão e controle violento de corpos e comunidades, em que se sobressaem tanto ações diretas dos aparelhos oficiais do Estado quanto a subcontratação de milícias, que vêm agredindo e matando aqueles que a elite socioeconômica deseja eliminar ou disponibilizar para servi-la, desde o período dos bandeirantes, nos séculos XVI e XVII, até as milícias urbanas, como o Escritório do Crime, nos dias atuais. Esta série de livros acaba com a "história pra boi dormir" e proporciona um mergulho nos acontecimentos reais para podermos recuperar nossa memória e entender o que somos, o que desejamos mudar e aonde ir. Boa viagem pela sua história!

Luiz Bolognesi, roteirista e diretor da série *Guerras do Brasil.doc*. Formado em Jornalismo pela PUC-SP, trabalhou na *Folha de S.Paulo* e na Rede Globo.

1.
A *BELLE ÉPOQUE* TROPICAL

Quando o século XX chegou, o Brasil vivia a expectativa do limiar de uma nova era. A monarquia, considerada retrógada e ultrapassada, havia caído, em 15 de novembro de 1889, devido à ação de um pequeno grupo de militares positivistas apoiado por um punhado de civis republicanos. O Brasil queria sair do atraso e seguir a estrada trilhada pela Europa, que então vivia uma época de luzes, esplendor e opulência — a *belle époque*. Não por acaso, o novo regime adotara como lema para a bandeira nacional versos de Auguste Comte, idealizador do positivismo: "Ordem e progresso". O caminho apresentado pelo governo republicano era visto como a tábua de salvação capaz de romper com o passado monarquista e escravista do país, descortinando um novo mundo para os brasileiros, livre de mazelas, civilizado, liberal e cosmopolita, repleto de possibilidades. Tal projeto estava alicerçado em três pilares, que se transformariam em palavras de ordem: progresso, modernidade e ciência.

A SEMENTE DO PROGRESSO

Em apenas três décadas de República, o Brasil tinha duplicado o tamanho de sua população. Saltara dos 14,3 milhões de habitantes, em 1890, para 30,6 milhões, em 1920. São Paulo e Rio de Janeiro eram as maiores cidades, com 580 mil e 1,2 milhão de habitantes, respectivamente. O território também aumentara. O Acre fora, de fato, incorporado ao país depois de uma disputa com a Bolívia, e as fronteiras com a Argentina e a Guiana Francesa, estabelecidas em definitivo, garantindo a soberania sobre 900 mil quilômetros quadrados. O aumento da população devia-se, em parte, à chegada de imigrantes. Aproximadamente 3 milhões de estrangeiros entraram no país entre 1891 e 1925. Os italianos eram em maior número, mas desembarcaram também muitos portugueses e espanhóis, além de alemães, austríacos, poloneses, japoneses, sírio-libaneses e judeus, entre outros. A população imigrante era tão importante, que perfazia mais de 50% dos habitantes de São Paulo na década de 1920.[1]

A economia brasileira era predominantemente agrícola, com dois terços das pessoas em atividade no país dedicando-se à agricultura. O principal produto brasileiro era o café, não à toa chamado de "ouro verde" e "semente do progresso". A produção saltara de 5,4 milhões de sacas, em 1890, para 13,7 milhões, em 1913, um aumento de 156%. Com oscilações, até a década de 1930, o país seria o responsável por dois terços da oferta mundial de café, que correspondia a quase 70% das exportações brasileiras. Outro produto importante era a borracha, que, em 1910, chegou a corresponder a quase 40% das exportações, sendo o Brasil o responsável por quase a totalidade da borracha mundial. Algodão, cacau, couro, açúcar e erva-mate completavam a lista dos principais produtos brasileiros comercializados com o exterior.

A indústria brasileira era incipiente e produzia exclusivamente para o consumo interno – o país tinha pouco mais de

13,3 mil estabelecimentos considerados industriais em 1920, e somente 482 deles contavam com mais de cem operários. A guerra na Europa, entre 1914–8, e a consequente queda nas importações acelerariam o processo de industrialização, liderado por São Paulo.

O aumento extraordinário da produção de café nas décadas finais do Império e nos primeiros anos da República permitiu à elite cafeeira paulista o acúmulo de capital necessário para a ampliação de seu campo de investimentos. Em um primeiro estágio, atuou como "comissários do café": como eram controladores de parte significativa do comércio cafeeiro e tinham contato direto com as principais firmas exportadoras, os fazendeiros mais ricos passaram a financiar as plantações de terceiros sob hipoteca e, agindo como corretores, intermediavam a venda do café entre as fazendas e empresas estrangeiras, cobrando comissões pelo negócio, pelas despesas com armazenamento e juros de financiamento do plantio.[2] O passo seguinte foi o surgimento de um grupo de "fazendeiros-industriais" que passou a investir em diversos novos negócios. Antônio da Silva Prado, a título de exemplo, investiu em bancos, estradas de ferro, fábricas de vidro e garrafas, couro e carne congelada, e Antônio Álvares Penteado, "o capitão da indústria", abriu uma série de indústrias têxteis. A pujança da economia transformou São Paulo, chamada então de "metrópole do café", no principal centro econômico e comercial do Brasil e no catalisador de uma série de transformações.

O sistema ferroviário era o principal meio de escoamento da produção agrícola brasileira. Locomotivas a vapor circulavam no Brasil desde 1854, mas o aumento da produção de café exigiu que as estradas de ferro se multiplicassem. No final do Império, o país contava com 15,6 mil quilômetros de trilhos. Menos de duas décadas depois, o número aumentara para mais de 29 mil quilômetros, espalhados por todo o Brasil, principalmente na região Sudeste.

Nas grandes cidades, carruagens, tílburis e bondes de tração animal foram, aos poucos, sendo substituídos pelo transporte elétrico. Em 1907, o Brasil tinha mais de 870 quilômetros de linhas de bondes urbanos. "Carris elétricos, pequenos e leves, nos quais a viagem era um verdadeiro passeio", observou Carolina Nabuco, filha de Joaquim Nabuco.[3] E havia vários modelos: o mencionado pela escritora era aberto, com espaço para quatro pessoas por banco; e, por ser leve, sacolejava. O bonde fechado, no Rio de Janeiro denominado de "camarão" devido à cor vermelha com a qual era pintado, era o preferido pelas senhoras da alta sociedade por ser mais reservado e estável — evitava, por exemplo, que o vento estragasse seus elaborados penteados. Na maioria das cidades em que viriam a existir, os bondes elétricos só chegariam em meados da década de 1920.

Mas a revolução no transporte aconteceria mesmo com o surgimento do automóvel. Em 1886, o alemão Karl Benz desenvolveu um carro de apenas três rodas que se movia com a força de um motor de combustão interna e mal passava dos dez quilômetros por hora. A novidade rapidamente se espalhou pelo mundo e não demorou a chegar ao Brasil. Em 1891, Alberto Santos Dumont desembarcou em Santos trazendo de Paris um Peugeot com pneus de borracha, com motor Daimler movido a gasolina, dois cilindros em V e apenas três cavalos de potência máxima. Entusiasta do automobilismo e organizador, na França, de corridas de mototriciclos, seria ideia dele a criação do Automóvel Club do Brasil. Mas o interesse maior do inventor brasileiro era mesmo o desenvolvimento do avião, sonho que ele acabou por realizar em 1906. (Apesar disso, o Brasil acabou ficando para trás na corrida pela tecnologia da aviação. Os primeiros aviões chegaram ao país importados da França e seriam usados nos conflitos e revoltas das décadas seguintes.)

Outro que importou um automóvel — e era igualmente dado a aventuras aeronáuticas — foi o jornalista, líder abolicionista e político José do Patrocínio. Depois de uma viagem à França, o proprietário do jornal *A Cidade do Rio* trouxe para a então capital brasileira um Serpollet movido a vapor. Ao contrário do pai da aviação, que não era visto guiando seu carro, Patrocínio causava espanto ao passear pelas ruas cariocas com a novidade — segundo um observador, as pessoas pareciam estar vendo "um bicho de Marte". Em 1897, no entanto, enquanto fazia um passeio com Olavo Bilac pela Tijuca, Patrocínio entregou o volante do automóvel ao amigo. O poeta, menos inteirado da modernidade, perdeu o controle e se chocou com uma árvore. Foi o primeiro acidente automobilístico documentado do Brasil.

Em 1907, o Rio de Janeiro tinha trinta automóveis em circulação. "A primeira década do século foi aquela em que vimos desaparecer a tração animal e nos acostumamos aos motores que lhes tomaram o lugar", relatou Carolina Nabuco em seu livro de memórias. A rapidez com que eles passaram a ocupar as ruas do país demandou a criação de leis e medidas de segurança. A circulação do veículo exigia o pagamento de uma tarifa e cuidados para que não houvesse incêndios, os cavalos não se assustassem e os veículos não espalhassem odores desagradáveis. A velocidade máxima não poderia ultrapassar os vinte quilômetros por hora. Segundo a descrição do escritor gaúcho Erico Verissimo, o automóvel de então era uma "estranha carruagem que roncava, fazia fom-fom e soltava fumaça pelo rabo". Mas viera para ficar. Em 1919, a Ford Motor Company abriu uma filial no Brasil, inaugurando, dois anos depois, sua primeira "linha de montagem", que passou a produzir o famoso Modelo T, o "Ford Bigode". Outra grande empresa estadunidense, a General Motors, se instalou no país em 1925. Cinco anos depois, a cidade de São Paulo tinha uma frota de mais de 22 mil carros, um para cada 39 habitantes.

MODERNIDADE

Tão logo assumiu o controle, o governo republicano tratou de alterar ou apagar qualquer símbolo ou referência ao passado monarquista do país. Assim, o termo "corte" deu lugar a "capital federal", o largo do Paço passou a se chamar Quinze de Novembro, e a Estrada de Ferro D. Pedro II virou Central do Brasil. A imagem do monarca na moeda foi substituída pela de uma mulher, a efígie da República, e a sede do governo, no Rio de Janeiro, foi transferida do Paço Imperial para o Palácio do Itamaraty e, em seguida, para o Palácio do Catete. Construído entre 1858 e 1867 pelo comerciante e cafeicultor Antônio Clemente Pinto, o barão de Nova Friburgo, o Catete foi comprado por Manuel Vitorino, vice do presidente Prudente de Morais, em 1896, para ser a sede da Presidência da República. Conhecido como "Palácio das Águias" por conta das harpias de seu frontispício, o edifício seria o centro do poder político do país por 64 anos. Quando a capital foi transferida para Brasília, em 1960, dezoito presidentes haviam passado pelo Catete.

Mudar nomes e lugares servira para legitimar e concretizar o novo regime. Mas a ideia de modernidade precisava de ações mais concretas. "A certeza da prosperidade deu lugar a uma sociedade de sonhos ilimitados", escreveu a historiadora Lilia Schwarcz. Na primeira década do novo século, o prefeito carioca Francisco Pereira Passos deu início a uma importante missão imposta pelo presidente Rodrigues Alves: sanear, higienizar, demolir o que fosse necessário e reformar a cidade do Rio de Janeiro. Quinto presidente do Brasil, Alves havia sido governador de São Paulo, cuja capital "embelezara" segundo a concepção de modernidade tão em voga. Com apoio do engenheiro militar Lauro Müller, ex-governador catarinense e ministro da Indústria, Viação e Obras Públicas, o objetivo agora era transformar a então capital federal em vitrine do país, capaz de atrair o interesse estrangeiro.

O símbolo maior da remodelação da cidade foi a construção da magnífica avenida Central (renomeada mais tarde avenida Rio Branco). Estendendo-se por quase dois quilômetros e com pouco mais de trinta metros de largura, a nova via tinha inspiração em modelos europeus, principalmente o parisiense, considerados mais civilizados do que o antigo espaço urbano colonial — que não passava de uma adaptação da arquitetura lusitana aos trópicos. Mais de seiscentos imóveis foram derrubados — o que, a propósito, denominou a operação do presidente "Bota abaixo". Milhares de famílias foram desalojadas das áreas centrais da capital, onde ficavam os cortiços, casas de cômodos, estalagens e velhos casarões. Expulsa, a população pobre acabou alojando-se em áreas de difícil acesso, criando um conjunto de barracos conhecido hoje por "favela" — esse apelido foi dado ao morro da Providência por tropas vindas de Canudos, em 1897, já que plantas com favas eram comuns tanto no morro carioca quanto nas cercanias do arraial baiano onde haviam lutado os soldados ali estacionados. Mendigos, costumes, tradições populares, assim como os vendedores ambulantes e a venda de miúdos em tabuleiros e quiosques deram lugar a um *boulevard* tropical, com prédios cujas fachadas art nouveau foram cuidadosamente escolhidas em concursos arquitetônicos. Sob rígida fiscalização do governo, foram construídos luxuosos hotéis, cafés, confeitarias, restaurantes, cinemas, lojas e magazines de artigos e acessórios importados para homens e mulheres. Tudo para satisfazer um público ávido por imitar a moda europeia. A avenida Central também recebeu uma novidade, o uso de energia elétrica na iluminação pública. Os antigos lampiões à base de querosene e a gás estavam com os dias contados.

Nos arredores da praça Floriano Peixoto, a Cinelândia, novo coração do Rio de Janeiro, foram erguidos o Theatro Municipal, a Escola Nacional de Belas Artes (atual Museu Nacional de Belas Artes), a Biblioteca Nacional e o Palácio Monroe, sede do Senado.[4] O jornalista e escritor carioca Lima Barreto observou que "de uma hora para outra, a antiga cidade desapareceu e outra surgiu como se fosse obtida por mutação de teatro". A remodelação da capital ainda incluiu o alargamento e o prolongamento de diversas vias urbanas. Avenidas que cortariam a cidade em várias direções, as chamadas "vias do progresso", exigiram o arrasamento de morros e a demolição de centenas de moradias e casas de comércio. A rua do Ouvidor e a avenida Beira-Mar também foram remodeladas, a avenida Atlântica e o túnel do Leme foram construídos e o porto ganhou dezenas de novos armazéns. As capitais estaduais estavam quase todas passando por processos semelhantes de remodelação, com destaque para Recife, Natal, Porto Alegre e Belém. Em Minas Gerais, a antiga capital Ouro Preto foi substituída por uma nova, Belo Horizonte, projetada e construída segundo os ditames da modernidade.

Um dos principais objetivos do "bota abaixo" era livrar a capital federal da fama de cidade suja e insalubre. O Rio de Janeiro era frequentemente assolado por epidemias de febre amarela, varíola, malária e peste bubônica. Por isso, além das reformas arquitetônicas, sanitárias e urbanísticas, a cidade passou também por uma mudança de hábitos, como a proibição da circulação de vacas, suínos e cães vira-latas pelas ruas, da exposição de carne na porta dos açougues e de cuspir no assoalho dos bondes e urinar nos monumentos históricos — os "costumes bárbaros e incultos". Mas, como era um projeto da elite econômica, a tal modernidade resolvia apenas parte do problema — e, é claro, não a parte que dizia respeito aos pobres.

Mal acabaram as grandes demolições e expulsões, começaram a surgir favelas. Em pouco tempo, havia barracos no morro da Babilônia, na Tijuca (a favela do Salgueiro) e no morro do Telégrafo (a favela da Mangueira). O poeta Olavo Bilac resumiu bem a ideia: "O nosso mal tem sido este: quisemos ter estátuas, academias, ciência e arte, antes de ter cidades, esgotos, higiene, conforto".

"Higiene" era uma palavra fora do vocabulário da época. No começo do século XX, quase não havia água encanada no país e raras eram as residências que tinham "salas de banho". Havia uma crença generalizada de que banhar-se fazia mal à saúde. De modo geral, durante a semana, antes de dormir, lavavam-se apenas o rosto e os pés. O banho de corpo inteiro era realizado nos fins de semana, quando possível em rios e, não raro, em bacias em que a água do primeiro a banhar-se era aproveitada pelos demais membros da casa. O cabelo das mulheres era lavado apenas uma vez ao mês. Lembrando-se da infância no bairro Bom Fim, em Porto Alegre, o médico e escritor Moacyr Scliar afirmou que as casas careciam de confortos elementares: "Não tínhamos água quente, por exemplo. Para o banho, nem sempre diário (o que admito constrangido, dada minha condição de homem da saúde), minha mãe esquentava água numa grande lata de azeite Sol Levante".[5] O uso de penicos, do "cagadouro pênsil", das "casinhas" e "patentes" era a regra, e defecar no mato ou em algum lugar acessível no momento de necessidade era algo corriqueiro mesmo nas grandes cidades.

Segundo a historiadora Mary del Priore, a ideia e a prática do asseio pessoal — "limpo, desodorizado e escovado" — só iria se tornar popular na década de 1940, ainda assim sem alcançar grande parte da população. O uso de escovas de dente, sabonetes e papel higiênico não entrou em moda tão facilmente. A Scott Paper Company teve dificuldades de convencer a população a pagar por um papel que, depois de sujo, seria descartado.

Embora não fosse uma novidade, o uso do sabão só ganharia espaço mesmo a partir dos anos 1900. Em 1913, o imigrante Giuseppi Milani lançou o sabonete Gessy, de cor rosa e formato arredondado, o qual obteve grande sucesso e lhe permitiu criar uma linha de produtos de higiene pessoal. Para a higiene bucal, o creme que misturava sal, pimenta e flores odoríficas deu lugar a uma pasta dental que usava componentes alcalinos e flúor — bem mais agradável e eficiente. Fixadores e cremes para o cabelo, como os das marcas Byocreme, Gumex e Glostora, substituíram produtos populares, como a banha de porco e o óleo de coco.

CIÊNCIA

Reformar cidades e abolir antigos costumes, no entanto, não era suficiente. Em 1903, o presidente Rodrigues Alves, que perdera uma filha para a febre amarela, deu ao sanitarista paulista Oswaldo Cruz, indicado pelo Instituto Pasteur, de Paris, poderes absolutos para combater ratos, mosquitos e os vírus que matavam milhares de pessoas por ano. E Oswaldo agiu rápido, criando um esquadrão de caçadores de ratos e a Polícia de Focos, que dedetizava casebres ou qualquer lugar onde houvesse a presença de mosquitos transmissores de doenças. Em 1904, conseguiu a aprovação do Congresso de uma lei que tornava obrigatória a vacina contra a varíola, mas foi duramente atacado pela imprensa, acusado de atentar contra a moral das famílias. A vacina era aplicada no braço, mas opositores da ideia, como o socialista Vicente de Souza, disseminaram a informação de que era nas nádegas. Até intelectuais do porte de Rui Barbosa se posicionaram contra a vacina. Quando as chamadas Brigadas Sanitárias, acompanhadas de uma força policial, passaram a entrar em todas as casas cariocas para vacinar os moradores, se necessário à força, estourou o levante popular que ficou conhecido como Revolta da Vacina. Depois de uma semana de distúrbios, o saldo era de trinta mortos, 110 feridos e mais de novecentos presos — centenas de pessoas seriam deportadas para o Acre. O custo foi alto, mas em poucos meses, Oswaldo Cruz conseguira erradicar a varíola do Rio de Janeiro. A campanha contra epidemias continuaria Brasil afora. Na mesma época, seu amigo Carlos Chagas combatia a malária em São Paulo e logo em seguida seria enviado, junto com o cientista e etnógrafo Artur Neiva, para o Nordeste e a Amazônia.

As campanhas de higienização e os avanços da medicina, como as vacinas antidiftéricas e antituberculose (a BCG), contribuíram significativamente para o aumento da expectativa de vida no Brasil. Na virada do século, a esperança de vida média de um brasileiro era de menos de 34 anos. Em menos de quatro décadas, a expectativa alcançara os 42 anos.

Descobertas científicas e avanços tecnológicos marcaram a virada do século XIX para o século XX — Wilhelm Röntgen descobrira os raios X e realizara a primeira radiografia humana; Karl Landsteiner identificara os tipos sanguíneos, o que permitiu a primeira transfusão de sangue; Max Planck desenvolvera sua Teoria Quântica; e Albert Einstein publicara a Teoria da Relatividade. O culto ao conhecimento era, então, uma febre, mas a ciência ainda estava longe de caminhar com a ética. Muitas pesquisas científicas eram recheadas de preconceitos e estavam sujeitas a charlatanismo. Teorias raciais estavam em voga e ideais eugenistas — que acreditavam que a adoção de uma reprodução dirigida implicaria no melhoramento da espécie humana — eram defendidas em universidades e congressos em todo o mundo. Entre os entusiastas dessa ciência estavam homens como o presidente estadunidense Theodore Roosevelt, o inventor do telefone e o presidente da Universidade Harvard.[6]

Tais ideias eram amplamente aceitas também no Brasil. O negro era então considerado um ser biologicamente inferior, motivo pelo qual lhe faltariam inteligência e capacidades que eram próprias do homem branco. Em 1904, o médico psiquiatra brasileiro Henrique de Belford Roxo defendeu, em um congresso médico na Argentina, que negros e pardos eram "tipos que não evoluíram", tendo forte propensão ao álcool, à vadiagem e à libertinagem. O então diretor do Museu Nacional, João Batista de Lacerda, foi mais longe. Em 1911, em um congresso sobre raças realizado em Londres, sentenciou: em menos de cem anos, "os mestiços terão desaparecido do Brasil, fato que coincidirá com a extinção paralela da raça negra entre nós".[7] Não era voz isolada. Em 1929, o antropólogo Edgard Roquette-Pinto, membro da Academia Brasileira de Letras e pioneiro da radiodifusão no país, então presidente do I Congresso Brasileiro de Eugenia, disparou: em 2012 não haveria mais negros ou índios no Brasil, 80% da população seria branca e a parcela restante seria de mestiços. "A ciência naturalizava a história, e transformava hierarquias sociais em dados imutáveis", escreveram as historiadoras Lilia Schwarcz e Heloisa Starling.

CULTURA, MODA, ARTE E IMPRENSA

Como a ideia em voga era civilizar e europeizar, as transformações iam muito além da urbanização das cidades. A própria cultura também sofria intervenções. Uma das primeiras medidas do governo republicano foi tornar criminosa a prática da capoeira e as diversas formas de expressão religiosa com origens africanas. Até a culinária dos antigos escravos era malvista e não recomendada pelos médicos da época. A população pobre foi duramente reprimida, com a proibição ou a restrição de festas tradicionais, de certas fantasias, brincadeiras e músicas. O choro e a seresta não eram bem-vistos pelas autoridades e o violão era considerado, como escreveu Ruy Castro, biógrafo de Carmen Miranda, a "arma dos vagabundos".

Os trajes também precisavam estar adequados às novas regras de elegância. O uso de casaca preta de casimira, cartola, sapatos de verniz, luvas brancas e gravata-borboleta era o símbolo dos homens ricos e alinhados com os novos tempos — a moda era ser *chic* ou *smart* ("elegante"). Até os menos abastados precisavam usar paletó e calçar sapatos para circular pela capital do país, pois andar descalço ou em "mangas de camisa" resultava em prisão. A moda feminina foi modificando-se ao longo das primeiras décadas da República, mas espartilhos e vestidos longos e pesados deram lugar a roupas de silhuetas mais soltas, retas e curtas, e os chapéus encolheram e adquiriram o formato de sino. Cores fortes, especialmente a vermelha, decotes e saias muito curtas eram proibidos; os sapatos precisavam ter saltos baixos e formato de botina.

O principal meio de informação de então era o jornal. Com a era do rádio ainda distante, "o impresso era o centro de tudo", observou um jornalista. Na Europa, as principais empresas jornalísticas vendiam entre 900 mil e 1 milhão de exemplares de jornais todos os dias. No Brasil, a quantidade era bem menos expressiva: *O Estado de S. Paulo*, em 1906, tinha tiragem diária de 35 mil exemplares. Mas o número de periódicos começava a se multiplicar. Entre 1890 e 1920, surgiram no país 343 jornais — sessenta deles editados em idiomas estrangeiros. A maioria circulava em São Paulo e na capital federal, 249 ao todo. Muitos eram "engajados", como *A Federação*, publicado em Porto Alegre. Declaradamente ideológicos, não passavam de porta-vozes partidários — chamados de "órgãos oficiais". Jornais históricos, como *Jornal do Commercio, Gazeta de Notícias, O Estado de S. Paulo* e *O País*, ganharam a concorrência do *Correio da Manhã, A Manhã, A Noite, A Notícia, Correio do Povo, O Globo*, além da *Folha da Noite* e da *Folha da Manhã*, dois jornais do mesmo grupo editorial, que depois dariam origem à *Folha de S.Paulo*. Tidos como "independentes", muitos tiveram problemas com a censura, a repressão e os constantes estados de sítio da Primeira República, a chamada "República Velha" — por fazerem oposição a Vargas, alguns até seriam fechados com a Revolução de 1930, como veremos. Nessa época, surgiram também revistas semanais, como *Revista da Semana*, *O Malho*, *Kosmos*, *Fon-Fon* e *Careta*, todas muito bem ilustradas com propagandas, fotos e charges. A revista *O Tico-Tico*, primeira a publicar histórias em quadrinhos, era destinada ao público infantil. O escritor gaúcho Erico Verissimo afirmou em suas memórias estar "certo de que suas estórias muito contribuíram para a germinação da semente ficcionista que dormia nas terras interiores do menino".

Poucas semanas após o Quinze de Novembro, quando caiu a monarquia, o marechal Deodoro da Fonseca baixou o decreto 85A, o chamado "Decreto-Rolha", que ameaçava com fuzilamento qualquer indivíduo que conspirasse contra o governo e a República. Diversos jornais pelo país sofreram represálias e muitos jornalistas foram presos ou surrados. *O Estado de S. Paulo* foi taxativo: publicou que a liberdade de imprensa "tem hoje na República garantias menos seguras e menos eficazes do que as que lhe dava a Monarquia". O governo, os políticos e a imprensa travavam uma guerra constante, o que envolvia ataques pessoais, troca de acusações, ligações escusas entre governantes e jornalistas e, claro, corrupção. O presidente Campos Sales, constantemente satirizado pela imprensa por meio de charges e apelidos, gastava quantias significativas com propinas para fazer calar ou comprar a opinião de jornalistas — o que era chamado de "gaveta". Em seu livro, *Da propaganda à presidência*, publicado anos depois do fim de seu mandato, Sales reconhece a prática sem constrangimentos, mas afirma que a subvenção à imprensa tivera início no governo de Prudente de Morais, desde que ele "começara a sentir os efeitos da agressão encarniçada dos seus implacáveis adversários".[8] Já o senador gaúcho Pinheiro Machado travou uma luta feroz com o jornal *Correio da Manhã*, a tal ponto de se envolver em um duelo e ferir com um tiro Edmundo Bittencourt, diretor do periódico carioca.

Se, por um lado, os jornais contribuíam com notícias e denúncias de corrupção e fraudes eleitorais, por outro, eram responsáveis pela circulação de fofocas e informações falsas. Muitas redações não tinham repórteres e o próprio dono do jornal era o redator, não havia checagem de fontes e, muitas vezes, o que era publicado tinha como origem inimigos políticos e pessoais, contando quase sempre com o anonimato ou pseudônimos. "Quando noticiar não passava de uma tarefa eventual, a apuração não existia", escreveu o jornalista e historiador Juremir Machado.[9] Foi o que ocorreu em 1921, quando o *Correio da Manhã* publicou cartas atribuídas a Artur Bernardes ofendendo o ex-presidente Nilo Peçanha e o Exército brasileiro. As cartas eram falsas, mas o fato desencadearia a Revolta dos Tenentes, em 1922, dando início a uma série de conflitos que culminariam na Revolução de 1930.

A imprensa brasileira, no entanto, não vivia apenas de política. A literatura feita no país era extremamente dependente dos jornais: foi por meio das "folhas diárias" que o Brasil conheceu escritores como Machado de Assis, Lima Barreto, João do Rio, Euclides da Cunha e Coelho Neto — "porque o livro ainda não é coisa que se compre no Brasil como uma necessidade", escreveu Olavo Bilac. O escritor António de Alcântara Machado tinha opinião semelhante: "[O brasileiro] não lê mesmo. É inútil. Não há meio de obrigá-lo a abrir um jornal, quanto mais um volume". Não é difícil encontrar uma explicação. Havia as questões econômicas, já que os livros eram mais caros que os jornais, mas a maioria dos brasileiros não lia nenhum dos dois: em 1920, aproximadamente 65% dos habitantes maiores de 15 anos eram analfabetos — e apenas 29% da população em idade escolar estava matriculada no ensino primário. Até 1926, as tiragens dos livros eram minúsculas — e a maioria deles já havia passado por publicações de pequenos trechos ou capítulos em jornais e revistas semanais ou quinzenais. Os best-sellers de ficção eram *Urupês*, de Monteiro Lobato, publicado em 1918, com aproximadamente 8 mil exemplares, e *Alma cabocla*, de Paulo Setúbal, com 6 mil unidades em duas edições.[10]

No começo dos anos 1900, o telégrafo era o meio mais rápido de transmitir informações e notícias. Desde o período final do Império, o país estava conectado, por um cabo submarino, com a Europa, ligando repartições públicas e empresas jornalísticas brasileiras com o mundo — nos jornais, as seções com noticiário do telégrafo eram as mais lidas. Em 1907, havia mais de 28 mil quilômetros de linhas telegráficas instaladas e, até a década de 1930, o número saltaria para 59 mil quilômetros, com 1.450 estações telegráficas em todo o território brasileiro, conectando os recantos mais remotos do país. Nessa época, o serviço telegráfico nacional empregava 6 mil funcionários, entre os quais quase 1.700 telegrafistas, responsáveis por 9 milhões de telegramas anualmente. Mas, em paralelo ao crescimento das linhas telegráficas, uma novidade começava a se popularizar: a difusão da voz humana por uma transmissão elétrica.

Alexander Graham Bell patenteara a invenção, que ele chamou de "telefone", em 1876, e já no ano seguinte ela desembarcara no Brasil, ligando o Palácio da Quinta da Boa Vista, residência do imperador, aos ministérios. No começo da década de 1920, o Brasil já tinha 100 mil telefones em operação. Mas os avanços tecnológicos não paravam, e a voz humana agora podia ser ouvida por ondas de rádio. O padre porto-alegrense Landell de Moura havia realizado uma transmissão radiofônica por meio de ondas eletromagnéticas em 1893, mas a invenção acabou sendo atribuída ao italiano Guglielmo Marconi, que realizara transmissões através do Canal da Mancha somente em 1899.

De todo modo, em 1922, durante as comemorações do centenário da Independência, o discurso do presidente Epitácio Pessoa foi transmitido para o Brasil através das ondas de rádio. No ano seguinte, com patrocínio da Academia Brasileira de Ciência, Roquette-Pinto inaugurou a primeira rádio do Brasil, a Rádio Sociedade do Rio de Janeiro, que contava com variado conteúdo, desde aulas de inglês e francês até aulas de ginástica e programação infantil. Na década de 1930, a rádio passaria ao então Ministério da Saúde e Educação, surgindo daí a Rádio MEC — e, bem mais tarde, a TVE e a TV Escola. A Rádio Nacional, criada como empresa privada em 1936, seria estatizada e transformada em emissora oficial do governo durante o Estado Novo, sendo a pioneira na transmissão de radionovelas e radiojornalismo. Tinha início a Era do Rádio.

A fotografia já não era uma novidade no início dos anos 1900, mas a evolução das técnicas de gravação de imagens proporcionou o aparecimento de outro invento que marcaria a sociedade das décadas seguintes: o cinema. O laboratório de pesquisa de Thomas Edison já havia desenvolvido um aparelho para projetar imagens fotográficas em filmes com tal rapidez, que criava a ideia de movimento, o "cinetoscópio". Mas foram os irmãos Lumière, em Paris, que aperfeiçoaram o mecanismo criando o que chamaram de "cinematógrafo". Em meados dos anos 1890, filmes curtos eram projetados em "salas de exibição" em todo o mundo e entusiastas capturavam imagens de representações teatrais ou documentavam a vida cotidiana por todo lugar. Foi assim que a nova tecnologia chegou ao Brasil. Em 1898, o imigrante italiano Afonso Segreto realizou a primeira gravação de imagens do país, filmando embarcações na baía de Guanabara — alguns historiadores contestam o pioneirismo de Segreto, alegando que o médico José Roberto da Cunha Sales teria gravado e exibido imagens em movimento em 1897. De qualquer forma, em pouco tempo, o Brasil tinha centros de produção cinematográfica em São Paulo, no Rio de

Janeiro, no Rio Grande do Sul, em Minas Gerais e na Bahia. Na década seguinte, surgiram as primeiras adaptações da literatura nacional, como *Inocência*, *O Guarani* e *Iracema*. Na década de 1920, milhões de espectadores lotavam as matinês para assistir a sucessos norte-americanos como *Pollyana*, com Mary Pickford, os seriados *Os perigos de Paulina*, com Pearl White, e os filmes do vagabundo Carlitos, personagem de Charles Chaplin. Nomes como Colleen Moore, Greta Garbo, Rudolph Valentino e Clark Gable ditavam a moda e o comportamento de então.

Antes de ter requerido a patente do cinetoscópio, Thomas Edison trabalhara na criação de um aparelho que permitia a gravação e a reprodução de sons através de cilindros de cera, o fonógrafo. Foi com base nessa invenção de Edison que Emile Berliner criou o gramofone, outra novidade que marcaria a *belle époque*. O aparelho reproduzia músicas por meio de um disco plano em um prato giratório, mas o mais importante é que, a partir de 1892, Berliner conseguiu produzir cópias de uma gravação a partir de uma matriz, o que popularizou as gravações musicais e possibilitou às pessoas ter o som de uma orquestra dentro de casa, ou que ele fosse espalhado pelas ondas do rádio.

No Brasil, as primeiras gravações comerciais surgiram em 1902, feitas pelo imigrante judeu Fred Figner, da Casa Edison.[11] A primeira música gravada no país foi "Isto é bom", um lundu de Xisto Bahia na voz de Manuel Pedro dos Santos. A Casa Edison, segundo a própria propaganda um "grande laboratório e depósito de fonogramas nacionais e estrangeiros", com "importação direta de fonógrafos, gramofones, zonofones e outras máquinas falantes", também apresentou ao público brasileiro uma coleção de 81 cançonetas e lundus, cinquenta modinhas, dezesseis polcas, catorze discursos, nove valsas, seis duetos, quatro marchas, sete dobrados, cinco tangos e cinco maxixes. E temas políticos faziam parte da primeira leva de gravações. Entre as mais conhecidas estavam "Laranjas da Sabina" (um tango de 1890 que fazia referência a uma manifestação republicana durante a monarquia) e "Saldanha da Gama" (composição do final do século XIX feita em homenagem a um dos líderes da Revolta da Armada). Em seguida, apareceram "Capanga eleitoral" e "Cabala eleitoral" (gravadas entre 1904 e 1907). Da mesma época são "Rato, rato, febre amarela" e "Vacina obrigatória", que abordavam a política sanitarista do governo. Em 1916, foi lançado "Pelo telefone", o primeiro samba gravado da história, com a voz de Manuel Pedro dos Santos e o instrumental da banda da Casa Edison — a autoria é atribuída a Ernesto Joaquim Maria dos Santos, o Donga, mas é quase certo que ele apenas registrou uma música que já era popular nas noitadas musicais que ocorriam na casa da tia Ciata, baiana, quituteira e influente mãe de santo no bairro carioca da Saúde. No final dos anos 1920, as vitrolas versáteis da Victor Talking Machine Company popularizaram sucessos estadunidenses gravados em discos de goma-laca pela Columbia Phonograph Company, e danças como o foxtrote e o charleston concorriam com o maxixe e o tango argentino nos salões brasileiros.

No campo das artes e da intelectualidade, começou a tomar lugar o movimento modernista brasileiro, ligado a uma nova percepção de mundo, com seus anseios e também suas contestações. Artistas e intelectuais de diversas áreas ansiavam por aproximar a arte do cidadão comum e chocar os conservadores. Na pintura, trabalhadores e pessoas comuns começaram a servir de inspiração. Na música, temas folclóricos e populares ganharam espaço. Na literatura, poemas deixaram de lado a métrica e a rima rígida exigidas pela academia e, na prosa, a linguagem popular ganhou o lugar do erudito. Foi dentro desse contexto que surgiu a ideia da Semana da Arte Moderna, evento que tinha por objetivo romper com o academicismo, valorizar a cultura popular e introduzir no Brasil experiências estéticas de vanguarda. Foi o marco simbólico do nascimento de uma geração.

Realizado no Theatro Municipal de São Paulo, em fevereiro de 1922, o evento tinha como promotores, entre outros, os escritores Mário de Andrade, Oswald de Andrade, Menotti del Picchia e Graça Aranha, os artistas Di Cavalcanti e Anita Malfatti, e os músicos Guiomar Novaes e Heitor Villa-Lobos. Ninguém representou tão bem o espírito e as contradições do modernismo como Oswald de Andrade, grande articulador da Semana e maior divulgador do movimento. Mas nem ele despontou tanto quanto o maestro carioca que percorrera o Brasil de ponta a ponta, "perscrutando a alma de uma terra", e levara a música brasileira ao reconhecimento internacional. Preocupado em entender o brasileiro e conhecer as maravilhas naturais do país, Villa-Lobos imprimiria à música erudita de origem europeia elementos da cultura indígena, o folclore e os sons populares nacionais. Foi a presença dele no grupo, assim como o patrocínio do cafeicultor Paulo Prado, também um intelectual, que abriu as portas do teatro para o movimento. Aos "futuristas", como eram chamados então, somar-se-iam Tarsila do Amaral, Candido Portinari e Carlos Drummond de Andrade, entre muitos outros.[12]

O resultado, no entanto, não seria imediato. Escritores como Monteiro Lobato e Tristão de Ataíde foram críticos ácidos das "modernidades". E Oswald de Andrade só escreveria o que seria o lema da geração, o "Manifesto Antropófago", propondo uma poesia nos moldes brasileiros, totalmente nova, em que as influências externas seriam "devoradas e vomitadas", em 1928 — mesmo ano em que Mário de Andrade publicava aquela que seria sua obra-prima, *Macunaíma*, narrando as desventuras desse "herói sem nenhum caráter", como anuncia o subtítulo. A influência do movimento no meio cultural brasileiro só se faria notar na década seguinte. O arquiteto Lúcio Costa assumiria a direção da Escola Nacional de Belas Artes do

Rio de Janeiro, e tanto ele como Mário de Andrade, Oswald de Andrade, Manuel Bandeira e Carlos Drummond de Andrade estariam diretamente envolvidos na criação do Serviço do Patrimônio Histórico e Artístico Nacional — o atual Instituto do Patrimônio Histórico e Artístico Nacional (Iphan). Villa-Lobos, como diretor da Superintendência de Educação Musical e Artística, introduziria o canto orfeônico como matéria obrigatória das escolas brasileiras. E romancistas como José Lins do Rego, Graciliano Ramos, Rachel de Queiroz e Erico Verissimo, e até sociólogos e historiadores como Sérgio Buarque de Holanda, Caio Prado Júnior e Gilberto Freyre, inaugurariam novas formas de analisar e interpretar o Brasil.

NOTAS

1 | Boris Fausto, *História do Brasil*, p. 276.

2 | Francisco Teixeira e Maria E. Totini, *História econômica e administrativa do Brasil*, p. 127.

3 | Carolina Nabuco, *Oito décadas*, p. 75.

4 | Paulo César Garcez Marins, "Habitação e vizinhança", em *História da vida privada no Brasil – República*, p. 150.

5 | Moacyr Scliar, *O texto, ou: a vida*, p. 35.

6 | Rodrigo Trespach, *Histórias não (ou mal) contadas – Primeira Guerra Mundial*, pp. 22-5.

7 | Lilia Schwarcz e Heloisa Starling, *Brasil: uma biografia*, p. 343.

8 | Campos Sales, *Da propaganda à presidência*, p. 33.

9 | Juremir Machado da Silva, *Correio do Povo*, p. 11.

10 | Nelson Sodré, *História da imprensa no Brasil*, p. 345.

11 | Franklin Martins, *Quem foi que inventou o Brasil?*, p. 28.

12 | Maria de Lourdes Janotti, *Sociedade e política na Primeira República*, pp. 85 e seguintes.

2.
A REPÚBLICA VELHA (1889–1930)

pesar das grandes transformações urbanas, do progresso tecnológico e dos avanços da medicina, o Brasil passava por dias agitados e turbulentos. A tão esperada participação popular na transformação do país não passou mesmo de propaganda republicana. O poder, que segundo os princípios democráticos deveria se basear na vontade do povo, passou das mãos do imperador para as do quartel e, logo em seguida, para as da oligarquia latifundiária.

A CONSTITUIÇÃO REPUBLICANA (1891) E A REPÚBLICA DA ESPADA (1889–94)

Derrubada a monarquia, o governo provisório tratou de organizar uma Assembleia Constituinte. Uma comissão de cinco juristas elaborou três anteprojetos independentes e, deles, surgiu a síntese do projeto que foi apresentado ao governo, revisado e editado por Rui Barbosa, um dos mais destacados intelectuais brasileiros. Sob a presidência do advogado paulista Prudente de Morais, a Constituinte era composta de 205 deputados, dos quais quarenta eram militares. Depois de três meses de trabalho, em 24 de fevereiro de 1891, o Brasil promulgou sua primeira Constituição republicana.

A nova Carta seguiu o modelo estadunidense. O país passou a se chamar República dos Estados Unidos do Brasil, constituída por estados autônomos e um distrito federal — o Rio de Janeiro. Federalista e presidencialista, a Constituição estabeleceu a divisão dos três Poderes (Legislativo, Judiciário e Executivo), "harmônicos e independentes entre si". O Executivo passava a ser exercido por um presidente da República, eleito para um período de quatro anos. O vice-presidente seria eleito de forma independente. Os estados ganharam autonomia para elaborar uma Constituição própria (e alguns estados, como Pernambuco, tinham, além de Assembleia Legislativa, também Senado), contrair empréstimos no exterior, criar impostos de exportação (fator importante para a elite cafeeira, que havia ajudado a derrubar dom Pedro II) e instituir forças militares próprias (o que viria a ser tornar um problema para o governo federal, como se verá depois). À União, era reservado o direito de criar bancos, reter impostos das importações, manter as Forças Armadas nacionais e intervir nos estados, se necessário.

Ainda segundo a nova Constituição, a Igreja foi dissociada do Estado. O que antes era atribuição dos sacerdotes católicos passou a ser dos cartórios civis. A pena de morte foi extinta e, aos brasileiros e estrangeiros residentes no país, foram assegurados os direitos individuais básicos. As eleições seriam realizadas por sufrágio universal e não obrigatório. O critério econômico dos tempos do Império foi abolido, mas outros obstáculos à participação popular foram criados: não podiam votar os menores de 21 anos, os mendigos, o clero regular sujeito a voto de obediência ou regra restritiva de liberdade, os soldados (exceto quando alunos de escola militar de ensino superior) e os analfabetos, ou seja, mais de 85% da população da época. As mulheres continuaram de fora do processo eleitoral.

Sem experiência democrática nem base social de sustentação, nove meses depois de promulgada a Constituição, o marechal Deodoro deu um golpe, dissolveu o Congresso Nacional e instaurou o estado de sítio, pelo qual ficaram suspensos os direitos individuais e políticos. Pressionado por todos os lados, ele renunciou ao cargo, assumindo em seu lugar o vice-presidente, e também militar, Floriano Peixoto. Descrito pelo escritor Lima Barreto como um tirano insensível de pouca cultura, o marechal repreendeu duramente um levante da Marinha que exigia eleições presidenciais e o cumprimento da Constituição, a chamada Revolta da Armada, ao mesmo tempo que prestava apoio a Júlio de Castilhos, que travava uma guerra sangrenta contra os federalistas no sul do Brasil. No fim de 1894, depois de tomar Desterro, a capital catarinense, onde lutavam juntos marinheiros insurretos e maragatos, inimigos dos republicanos gaúchos, o marechal mandou executar 185 rebeldes. Em homenagem ao presidente, o governador de Santa Catarina renomeou a cidade, que passaria a se chamar Florianópolis, a "cidade de Floriano". Quando Peixoto deixou a presidência, em novembro daquele ano, tinha fim a "República da Espada". Em menos de três anos, o "marechal de ferro" governara 295 dias com o país em estado de sítio, ou seja, durante quase um ano inteiro.

O POSITIVISMO

Os militares e civis que haviam articulado e derrubado a monarquia em 1889 estavam, em grande parte, sob a influência da filosofia positivista, elaborada pelo pensador francês Auguste Comte. Chamada de "filosofia da história", ela se baseava na "lei dos três estados",[1] segundo a qual o espírito humano passaria por três fases distintas de evolução: teológica, metafísica e positiva. Na fase teológica, a mais primitiva, o homem tenta explicar a natureza por meio da crença em espíritos e seres sobrenaturais. Sociedades em fase teológica alcançariam maior coesão social aceitando a origem divina da autoridade, o que, no plano político, fez surgir a monarquia. O estado metafísico, intermediário, passaria pela argumentação abstrata. O sobrenatural é substituído por ideias e forças naturais. No campo político, o Estado não aceitaria mais a origem divina do poder como na monarquia, e o governo se instauraria pela soberania popular, motivo de constantes revoluções do século XIX. O último estágio evolutivo, segundo Comte, seria o positivo, em que imaginação e argumentação seriam subordinadas à observação. Há, a partir daí, uma busca pela compreensão das leis — o que se denomina hoje método científico. Para o filósofo francês, a ciência orientaria a vida social e pessoal, pois o conhecimento das leis naturais e sociais tornaria possível prever o futuro. Vindo esse sistema de uma evolução, ocorreria uma reforma intelectual no homem, e o poder estaria não mais nas mãos dos juristas, mas nas dos cientistas, que teriam uma "concepção universal da humanidade". A tarefa de reformar a sociedade caberia então a uma elite culta. E, como a enorme massa da população permaneceria ignorante, ela seria conduzida e controlada pelos positivistas, que, instaurando e vivendo em uma "ditadura republicana" — ou científica —, seriam capazes de estabelecer e executar um projeto de futuro de paz e prosperidade.

Como o resultado final de muitas ideias políticas, a filosofia de Comte acabou transformando-se em uma religião, que ele denominou "Religião da Humanidade": o Deus cristão foi substituído pela humanidade, e a devoção aos santos, pelo culto aos grandes nomes da história. Os templos positivistas, dessa forma, eram decorados com símbolos e instrumentos científicos e seus membros se reuniam como se em uma igreja. Hoje, o único templo da Igreja Positivista restante no mundo se encontra em Porto Alegre (RS).

No Brasil, referências à filosofia positivista de Comte começaram a aparecer nos principais estabelecimentos educacionais do Império, principalmente na Escola Politécnica e na Escola Militar, chamada de Tabernáculo da Ciência depois da Guerra do Paraguai (1864–70). Entre os principais entusiastas da nova filosofia estava Benjamin Constant, que teria papel fundamental no golpe de Quinze de Novembro — ele seria considerado o "fundador da República brasileira". Constant atuou como professor na Escola Militar da Praia Vermelha, onde surgiu a chamada "mocidade militar", que seria fortemente influenciada pelas ideias positivistas e o "elemento iniciador e dinâmico da conspiração republicana no interior do Exército", na definição de Celso Castro, historiador e autor de um estudo sobre a influência dos militares na formação da República.

Com o fim da República da Espada, aos poucos, a influência militar e positivista na política brasileira foi sendo substituída por uma espécie de Iluminismo moderno — menos no Rio Grande do Sul. Ali, como em nenhum outro lugar do país, o positivismo encontrou solo fértil, transformando-se no credo que guiou inúmeros líderes gaúchos. Foi dentro desse contexto que nasceu a chamada "geração de 1907", dentro da qual estavam nomes como Getúlio Vargas, João Neves da Fontoura, Lindolfo Collor, Flores da Cunha e Oswaldo Aranha.

A DITADURA POSITIVISTA GAÚCHA

Elaborada por Júlio de Castilhos e aprovada por unanimidade em uma Assembleia formada apenas por deputados do Partido Republicano Rio-Grandense, a primeira Constituição, de 1891, tinha como modelo as ideias de Comte. A Carta concentrava poderes no Executivo, cujo chefe poderia ser reeleito indefinidamente, e deixava o Legislativo em segundo plano — a Assembleia de Representantes tinha pouca ou nenhuma atribuição, salvo referendar o orçamento estadual. Pela revogação da chamada "Constituição Castilhista" se levantaram os antigos liberais monarquistas, então reunidos no Partido Federalista, liderados por Gaspar Silveira Martins.

Júlio Prates de Castilhos nasceu no interior gaúcho e cursou direito em São Paulo, onde se bacharelou no começo da década de 1880. Tinha "espírito de águia, pulso de atleta, convicção de mártir", afirmaria Getúlio Vargas. Radical e impetuoso, Júlio de Castilhos compensava a falta de oratória e a gagueira com ação dominadora, enérgica e autoritária — viera ao mundo para "cativar almas, dominá-las, dirigi-las", definiu o escritor Aquiles Porto Alegre. O temperamento difícil lhe tiraria a companhia até mesmo dos amigos mais próximos, como Assis Brasil, seu cunhado. Poucos políticos gaúchos concentraram sobre si forças tão adversas, paixão e ódio, respeito e aversão.[2]

Nascido no Uruguai, Gaspar Silveira Martins, o inimigo político do líder positivista, também era formado em direito em São Paulo e começou a carreira política no Partido Liberal. O "Tribuno", como era conhecido, desde cedo se mostrou um brilhante orador e articulista. Certa vez, em artigo para o jornal *A Reforma*, um "órgão democrático", expoente do partido, ele escreveu:

46 A REVOLUÇÃO DE 1930

Não somos monarquistas, nem republicanos, somos liberais; isto é: queremos a garantia dos direitos dos cidadãos em todas as suas manifestações, na pessoa, na religião, na propriedade, na indústria, no comércio, nas letras, nas artes, na associação; o governo para nós é uma fórmula, é o meio de conseguirmos estes grandes fins, que nobilitam o indivíduo, engrandecem a pátria, e honram a humanidade.

Diferente de seu opositor, Silveira Martins tinha "voz de trovão" e o gesto largo. Não sabia falar baixo, e mesmo quando palestrava, era em tom de discurso. O diplomata Joaquim Nabuco descreveu suas "formas colossais": "Não havia nele nada de gracioso, de modesto, de humilde, de pequeno; tudo era vasto, largo, soberbo, dominador".

Os republicanos gaúchos eram identificados pelo uso do lenço branco e chamados de "pica-paus", alusão ao uniforme do Exército brasileiro que apoiava o governo castilhista e que constava de roupa azul e quepe vermelho — o termo "chimango" seria usado mais tarde, já no governo de Borges de Medeiros. Os partidários de Silveira Martins usavam lenços vermelhos e eram denominados "maragatos" — palavra que teria origem no local de onde muitos federalistas haviam saído, uma província uruguaia povoada de espanhóis vindos de Maragateria.

Do lado pica-pau, despontaram nomes como o coronel Manoel Nascimento Vargas, pai de Getúlio Vargas, o senador José Gomes Pinheiro Machado e os advogados Antônio Augusto Borges de Medeiros, que substituiria Júlio de Castilhos na liderança do partido e no governo gaúcho, e Joaquim Francisco de Assis Brasil, que depois faria oposição a Borges de Medeiros e mais tarde, em outra reviravolta, apoiaria Vargas na Revolução de 1930. Maragatos eram Joca Tavares, Rafael Cabeda, Juca Tigre e os irmãos Gumercindo e Aparício Saraiva, entre outros.

Paradoxos da política brasileira, os maragatos defendiam a centralização e o fortalecimento do governo federal, enquanto os republicanos de Júlio de Castilhos desejavam o federalismo, que daria mais autonomia política aos estados. As disputas e divergências políticas resultaram em uma sangrenta guerra civil. Travada entre 1893 e 1895, a Revolução Federalista foi uma carnificina sem igual na América do Sul. O número de mortos é estimado em 10 mil pessoas, uma boa parte pelo método da "degola". Também chamada de "gravata colorada", a degola constituía em fazer ajoelhar o inimigo preso, que, de mãos atadas nas costas, tinha a cabeça puxada para trás de modo que a garganta ficasse exposta. Um movimento rápido cortava a garganta de orelha a orelha, "à moda crioula". O jorrar do sangue pelo pescoço dava a aparência de uma gravata vermelha, "colorada".[3]

Os federalistas conseguiram levar os combates até o Paraná, mas acabaram derrotados antes de conseguir chegar à capital federal. A vitória dos republicanos gaúchos abriu caminho para um despótico Júlio de Castilhos assumir o governo do Rio Grande do Sul e abandonar o comportamento democrático — se é que algum dia o apresentara. Nas três décadas seguintes, todas as decisões da política gaúcha, das grandes às mais insignificantes, caberiam a ele e a Borges de Medeiros, seu protegido e sucessor. O Partido Republicano Rio-Grandense implantara uma ditadura.

A REPÚBLICA DOS FAZENDEIROS

Lideranças regionais existiam desde o período colonial, mas durante o Império, o governo central controlava as províncias, impedindo a consolidação dos clãs dominantes graças à rotatividade no governo estadual, cargo que raramente era ocupado por um natural da província justamente para que não se formassem vínculos entre a oligarquia local e os governadores indicados. A partir da República, com a descentralização garantida pela nova Constituição, as oligarquias regionais se fortaleceram — a tal ponto que as tentativas de criação de partidos com abrangência nacional fracassaram.

Depois de cinco anos, dois líderes militares e instabilidade política e econômica, em 1894, a República elegeu o primeiro presidente civil da história brasileira, o paulista Prudente José de Morais Barros. Era também a primeira vez que o Brasil elegia pelo voto direto seu mandatário. A eleição de Prudente de Morais, republicano de longa data, representou o retorno ao poder da elite latifundiária, ávida por se livrar dos militares, e o fim da influência do Exército na política nacional. Alto, esguio e com uma vasta barba grisalha, tinha o aspecto taciturno, era dado a formalismos, mas com elevado senso democrático. Adotou desde cedo a postura de governar para a maioria — ao menos a maioria que interessava, a de votantes. Austero com os gastos públicos e com os próprios poderes, suspendeu o estado de sítio, a censura e as intervenções nos estados. Desmilitarizou o governo, afastando militares dos cargos civis e diminuindo os gastos com as Forças Armadas. Em quatro anos, transformou profundamente a opinião pública a seu respeito. Só era odiado pelos florianistas, defensores da ditadura republicana. Segundo seu secretário, Prudente de Morais chegara à presidência sob os "auspícios da má vontade, insegurança e tumulto" e sem pompa alguma — o marechal Floriano nem sequer compareceu à cerimônia de posse, e o palácio do governo estava abandonado. Ao deixar o cargo, no entanto, foi saudado por multidões em todas as estações do Rio de Janeiro a São Paulo, onde foi recebido por milhares de pessoas. Júlio Mesquita, diretor de *O Estado de S. Paulo*, resumiu seu governo: "[Prudente de Morais] transformou uma república de ódios numa república de progresso e justiça".

Seu sucessor, no entanto, pensava diferente e dava outro significado ao cargo. O paulista Manuel Ferraz de Campos Sales não acreditava na delegação de poderes do povo para o presidente. Segundo sua visão, o povo-eleitor renunciava à política, entregando o comando do país a uma pessoa de "suprema autoridade", que era mais capaz e tinha a "responsabilidade unipessoal" de guiar a nação.[4] Nascido em uma tradicional família de cafeicultores de Campinas, então vila de São Carlos, e formado em direito, Campos Sales era republicano de longa data, tendo sido um dos fundadores do Partido Republicano Paulista. Ainda jovem, era tido como homem "de boas maneiras", bonito, elegante e vaidoso, dono de um vasto bigode e de um cavanhaque bem aparado que "amolecia os corações casadoiros" das moças de família. Era um político habilidoso, propagandista ardoroso e bom orador. Junto com Prudente de Morais, foi um dos primeiros deputados republicanos eleitos durante o Império. Ainda nos tempos da monarquia, nunca fora entusiasta da abolição da escravatura. Pensando nos interesses da elite cafeeira, era defensor de uma solução gradual do "elemento servil". Já na República, foi ministro da Justiça, senador por São Paulo e governador do estado, até se eleger, em 1898, quarto presidente do país. Na primeira viagem diplomática de um presidente brasileiro ao exterior, restringiu a presença de negros na comitiva que embarcava para a Argentina.

Prudente de Morais conseguira controlar os ímpetos militares, mas não a economia, que estava à beira do caos, com uma inflação altíssima e uma dívida pública crescente. Além disso, o principal produto brasileiro de exportação, o café, apesar da superprodução interna, não encontrava mercado consumidor no campo internacional. Para Campos Sales, o problema central da economia brasileira residia na falta de crédito no exterior. E, antes mesmo de assumir a presidência, ele propôs a Prudente de Morais uma mudança radical de gestão, a possibilidade de negociar um vultoso empréstimo de consolidação na Europa, "custe o que custar". Tendo recebido a permissão, Campos Sales partiu para a Inglaterra para negociar com a casa Rothschild, principal credor brasileiro no exterior, constantemente chamado para salvar os combalidos cofres públicos brasileiros desde a Independência. Já como presidente em exercício, o acordo foi assinado e o *funding loan* acabou salvando o país da bancarrota. O Brasil recebeu um empréstimo de 10 milhões de libras esterlinas, além da suspensão temporária do pagamento dos juros e do montante de empréstimos anteriores da dívida externa. Em troca, Campos Sales deu como garantia as rendas da alfândega do Rio de Janeiro, principal receita do governo. O Brasil estava proibido de contrair novos empréstimos e se comprometia a cumprir um rigoroso programa de combate à inflação, o que incluía a incineração de parte do papel-moeda em circulação, a elevação de taxas cambiais sobre mercadorias e o aumento de impostos.[5] A imprensa não perdeu a oportunidade e rotulou o presidente de "Campos Selos" — isso porque, para controlar o recolhimento de tributos, as mercadorias recebiam selos. Ainda como parte do plano econômico, o ministro da Fazenda Joaquim Murtinho reduziu os gastos com obras públicas e conteve os investimentos no setor industrial, além de refrear o aumento dos salários. O resultado foi uma enxurrada de críticas por parte dos jornais, de muitos setores da economia e de políticos, a quebra de bancos e empresas, a redução da atividade econômica industrial e o desemprego — o chamado "pânico de 1900".

Nesse meio-tempo, Campos Sales se dedicava a outra tarefa que marcaria seu governo e o destino da política brasileira durante a República Velha: a institucionalização do sistema oligárquico. Para tal, era preciso pôr fim às hostilidades entre os poderes Executivo e Legislativo e alcançar um consenso entre os governos da União e dos estados, aos quais a Constituição dera autonomia, o que proporcionara disputas internas que prejudicavam a relação destes com o poder central.

A chave da "doutrina" criada por Campos Sales, da qual ele tanto se vangloriaria depois, repousava na Câmara dos Deputados. Como não havia o que se conhece hoje por Justiça Eleitoral, cabia aos membros da Comissão de Verificação de Poderes examinar, reconhecer e diplomar os cidadãos eleitos pelas urnas. O processo era considerado indispensável para manter a autonomia do Legislativo e o equilíbrio entre os poderes. Tradicionalmente, o presidente da Comissão era o parlamentar mais velho eleito. O problema, para Campos Sales, era que dessa forma, o governo poderia ficar à mercê da oposição. Em 1899, ele costurou um acordo entre deputados e governadores para a alteração da regra: o presidente da Comissão seria o presidente ou vice-presidente da Legislatura que se encerrava, desde que tivesse sido reeleito. Dessa forma, era quase impossível um deputado de oposição alcançar o cargo, que acabaria invariavelmente caindo no colo de um aliado do presidente da República. Como a escolha dos demais membros da Comissão era atribuída ao seu presidente, o governo criara um mecanismo de eliminação da oposição. Era a chamada "degola". Na primeira eleição após a mudança da lei, dos 205 deputados eleitos, doze foram "degolados". Em 1902, foram 74 os impugnados e, em 1914, nada menos do que 91 "opositores" não tiveram o mandato diplomado. A manobra de Campos Sales garantiu, assim, que o governo sempre tivesse ampla maioria no Congresso.

O presidente concebeu, então, o que ficaria conhecido por "política dos governadores", embora ele mesmo preferisse chamá-la de "política de Estados". O presidente do país, que controlava o Congresso, dava apoio a seus aliados nos estados. Por sua vez, os governadores comprometiam-se a apoiar o candidato à presidência indicado pelo presidente em exercício e escolher e eleger parlamentares que estivessem alinhados ao grupo dominante. O cientista político Jorge Caldeira definiu assim a política dos governadores: "Foi moldada segundo os princípios aristocráticos dos conservadores, que não julgavam os eleitores capazes de tomar parte ativa na definição dos destinos do país".[6] Em linhas gerais, Campos Sales criara uma cadeia de compromissos e interesses que perpetuou a elite econômica no poder por três décadas, até a Revolução de 1930 — com exceção de um breve período, entre 1910 e 1914. O Brasil se transformara em uma "República de Fazendeiros".

CORONÉIS

Constituindo maioria nas assembleias legislativas e no Congresso, a oligarquia elegia o governador do estado e tinha o poder de indicar presidentes de bancos e empresas estaduais, assim como ocupar cargos públicos importantes, tanto no interior como nas capitais. Em São Paulo, entre 1890 e 1926, quando uma dissidência fundou o Partido Democrático, apenas o Partido Republicano Paulista elegeu parlamentares. Em alguns estados, famílias de "coronéis" poderosos mantiveram as rédeas da política por décadas, caso dos Lemos e dos Chermont no Pará, dos Nery no Amazonas, dos Rosa e Silva em Pernambuco, e, talvez o mais notório, dos Acióli no Ceará. Antônio Pinto Nogueira Acióli governou os cearenses por dezesseis anos, tendo apoio do padre Cícero Romão Batista, o "padim Ciço" — apoiado pelo religioso, o gaúcho Flores da Cunha elegeu-se deputado federal pelo Ceará sem nunca ter pisado no estado.

Em sua gênese, "coronel" designava a patente mais alta da Guarda Nacional, criada em 1832 como uma espécie de tropa de reserva das Forças Armadas. Com o fortalecimento do Exército após a Guerra do Paraguai (1864–70), a Guarda perdeu o sentido e a importância, mas o "título" permaneceu como forma de expressar o poder dos latifundiários no interior do país. Em alguns estados, principalmente no Nordeste, os coronéis se digladiavam em disputas eleitorais ou pelo controle de determinada região, na maioria das vezes organizando milícias particulares formadas por peões, jagunços e cangaceiros, não raro com poder maior do que o governante estadual. Na Bahia, na região do São Francisco, surgiram as "nações de coronéis", como a de Horácio de Matos, que detinha sob seu controle doze municípios e uma força militar que o punha em pé de igualdade com o governador. No mais lamentável estado de pobreza, ignorância e abandono, sem assistência médica, a população rural tinha no coronel o único benfeitor, de quem conseguia favores essenciais para a sobrevivência. Era natural, então, que lutasse com o coronel e pelo coronel. Na década de 1940, com a publicação do livro *Coronelismo, enxada e voto*, o historiador Victor Nunes Leal popularizou o termo "coronelismo" para designar a prática de dominação da oligarquia sobre a população rural.

ELEIÇÕES NA REPÚBLICA VELHA

A legislação eleitoral da época recomendava o voto secreto, mas desde 1896 havia a possibilidade do chamado voto a descoberto — supostamente, segundo a lei, para evitar fraudes e dar independência e responsabilidade ao eleitor. Em 1904, uma nova lei ratificou a prática, que funcionava assim: o eleitor apresentava duas vias da cédula de votação com o nome do candidato, os mesários datavam e assinavam ambas, depositando uma delas na urna e entregando a outra ao eleitor, que serviria como comprovante. A partir de 1916, com a reforma eleitoral, isso só seria permitido em casos excepcionais.

O problema, no entanto, era que, na prática, a forma como a votação era realizada e, depois, a maneira como o escrutínio era feito não garantiam lisura alguma ao pleito. As urnas não passavam de um acessório necessário apenas para dar ar de legitimidade às eleições e manter viva a chama partidária.

"As eleições eram facílimas", lembrou Alzira Vargas, "o voto então só era secreto para o eleitor", que "recebia das mãos do coronel, do chefe político local ou do cabo eleitoral a cédula dentro de um envelope, já devidamente fechado e sacramentado".[7] Cabos eleitorais e mesários experientes simulavam a votação sem grandes problemas. "As atas eram feitas em cima da perna, e a vitória era proclamada conforme as conveniências. Em alguns municípios, um tiro na urna, no intrometido fiscal da oposição, ou no presidente da mesa, decidia o impasse", observou a filha de Getúlio Vargas. Ela mesma, quando criança, ajudara a "colar muitos envelopes contendo cédulas secretas para o eleitor". João Neves da Fontoura relatou caso semelhante em seu livro de memórias, sem reconhecer abertamente, porém, que fraude e violência eram tão corriqueiras: "Os partidos vigiavam o resultado das urnas, com uma carabina no ombro".

Muitas eram as formas de embuste. O título, instituído em 1881 sem fotografia, era retido por coronéis e líderes locais e só entregue na ocasião necessária. Analfabetos também podiam ser arregimentados por cabos eleitorais que davam conta do alistamento e da documentação necessária, bastando que o "eleitor" conseguisse rascunhar o próprio nome na ata de presença no dia da eleição — isso quando a assinatura de presença era requerida. Quando não era, o mesmo cidadão podia regressar indefinidamente às urnas sem incômodo algum. Como era proibido impugnar qualquer cidadão que apresentasse um título, os "ausentes e defuntos" eram inúmeros.

O "bico de pena", prática mais comum nas fraudes eleitorais, consistia na falsificação de assinaturas. O método envolvia escrivães e auxiliares, que reconheciam assinaturas diferentes das originais e faziam vistas grossas a toda espécie de artimanha. Livros de atas novos eram remetidos para a apuração a cada nova eleição, quando na verdade deveriam ser utilizados em várias eleições até o fim das páginas registradas em cartório. Isso facilitava o "esguicho", outra maquinação comum. Além disso, os livros dos distritos eleitorais eram substituídos por novos para que, caso necessário, fossem anotados resultados favoráveis a determinado candidato, o que era feito com outro método, o "contas de chegar", quando novas atas falsificadas conteriam o número de votos necessários à vitória final.

Como o voto não era obrigatório, quem não tivesse bons motivos ou não fosse forçado a isso não saía de casa — até para evitar embaraços e complicações. Assim, os documentos, o transporte, a estadia, as refeições, os dias de trabalho perdidos e até a roupa para o dia da eleição eram pagos pelos chefes políticos locais. Mesmo assim, a participação popular nas disputas presidenciais durante a República Velha sempre foi minúscula: a eleição de 1906 contou com mísero 1,4% da população total do país, e a de 1930, a mais expressiva, 5,7%. João Neves recordou que "não era tarefa fácil" dirigir um partido político e fazer campanha eleitoral. Segundo ele, seu pai, que era chefe do Partido Republicano Rio-Grandense em Cachoeira do Sul, entregava os dias a percorrer quase casa por casa dos eleitores do interior. "O povo ainda não se achava suficientemente compenetrado de que o interesse público deveria primar sobre o partidário. Era preciso convencer um por um, doutrinar os mais empedernidos, dar exemplos de dedicação."[8]

Se havia problemas com os eleitores, a contagem dos votos não era menos questionável. Durante a eleição presidencial de 1910, as apurações do primeiro pleito em que os candidatos percorreram o país realizando comícios em ruas e praças públicas apontaram a vitória de Rui Barbosa sobre Hermes da Fonseca por uma diferença de mais de 73 mil votos. Mas a Comissão de Verificação de Poderes, controlada por José Pinheiro Machado, encontrou um resultado diferente: o militar gaúcho havia ganhado por uma vantagem superior a 173 mil votos. A contagem oficial deu a Hermes 341.594 votos contra 167.858 do intelectual baiano. Em suas memórias, porém, Rui Barbosa apontou o resultado do inquérito realizado com o "mais escrupuloso cuidado": recebera 200.359 votos, enquanto Hermes teria recebido apenas 126.392. Reconhecido internacionalmente por sua atuação na Conferência de Paz de Haia, Rui Barbosa, que ficou conhecido como Águia de Haia, sabia dos problemas eleitorais. Durante a campanha, seu programa alertava sobre a necessidade do "recato impenetrável da cédula eleitoral", que haveria de expurgar do país duas chagas eleitorais, "a intimidação e o suborno". "A publicidade é a servidão do votante. O segredo, a sua independência. Para o conquistarmos cumpre tornar obrigatório, absoluto, indevassável o sigilo do voto", concluía o texto.[9]

Fiel discípulo de Júlio de Castilhos e representante de Borges de Medeiros e do Partido Republicano Rio-Grandense no cenário nacional, o gaúcho Pinheiro Machado era conhecido como "o homem que governa o governo". Depois da eleição de Hermes da Fonseca, criou o Partido Republicano Conservador para manter sob controle do governo os militares e as lideranças regionais. Não por menos, Rui Barbosa o chamou de "superpresidente" e Joaquim Nabuco se referiu a ele como o "chefe dos chefes". A imprensa o acusava de ser viciado em pôquer e em galos de briga, mas principalmente de ser o "chefe do terreiro". Getúlio Vargas afirmava que o conterrâneo tinha "pulso de bronze". O escritor Monteiro Lobato, em carta ao amigo Godofredo Rangel, escreveu que o caudilho gaúcho fazia e desfazia leis, "servilizando um Congresso, maquiavelizando, subjugando uma Nação como o domador faz ao potro".[10] No auge do poder, já com luz e brilho próprios, Pinheiro Machado costumava andar pelo Rio de Janeiro com seu peculiar porte altivo: uma vasta cabeleira, de bombachas, botas de montaria, chapéu-chile, gravata presa por uma pérola, colarinho engomado e lustroso e uma bengala com a figura de unicórnio engastada em marfim. Com sua incrível capacidade de fazer inimigos, acabaria sendo assassinado com uma punhalada pelas costas, no saguão do Hotel dos Estrangeiros, em 1915. O assassino trazia no bolso um bilhete em que afirmava vingar o povo "roubado e esfomeado". Em entrevista ao *Jornal do Brasil*, afirmou ao repórter: "É preciso acabar com os tiranos e eu matei o chefão".

Fraudes ocorriam amiúde também nas eleições estaduais. No Rio Grande do Sul, Borges de Medeiros se reelegia governador desde 1898 — com uma única exceção, no período de 1908 a 1913, quando indicou Carlos Barbosa para o cargo. Em 1922, ele foi reeleito mais uma vez, novamente sob acusações de fraude. Assis Brasil, o candidato derrotado e autor de *Democracia representativa*, um tratado publicado em 1895 em que defendia reformas significativas no sistema eleitoral, sem medidas "sedativas, paliativas, remendos", resumiu assim a eleição no país: "Ninguém tem certeza de ser alistado eleitor; ninguém tem certeza de votar, se por ventura for alistado; ninguém tem certeza de que contem o voto, se por ventura votou; ninguém tem certeza que esse voto, mesmo depois de contado, seja respeitado na apuração da apuração". Como definiu um contemporâneo, Assis Brasil era "claro, preciso, autêntico".[11]

Tudo era feito de tal forma que todos sabiam perfeitamente o que ocorria. Em 1924, Monteiro Lobato chegou a escrever uma longa carta ao presidente Artur Bernardes, apontando o voto "de cabresto" como a principal chaga do Brasil. "A meu ver, a rampa de que a nossa onda precisa é simplesmente o voto secreto", disparou o criador de Narizinho e do Marquês de Rabicó. "Fora daí, só vejo remendos, contemporizações, e nenhuma solução prática!"[12]

CAFÉ COM LEITE

O poder econômico dos cafeicultores e a unificação maior da elite paulista em torno do Partido Republicano Paulista permitiram a eleição de três presidentes da República em sequência: Prudente de Morais, Campos Sales e Rodrigues Alves. Mas, na virada do século XX, mais bem organizado, o Partido Republicano Mineiro entrou na disputa pelo poder na política nacional. Segundo maior produtor de café do país e com a maior bancada na Câmara dos Deputados, Minas Gerais comandaria, com o apoio de São Paulo, a política nacional entre 1906 e 1918, com uma breve ruptura em 1910, durante a chamada "Campanha Civilista", quando os paulistas apoiaram a candidatura de Rui Barbosa e os mineiros, a do marechal Hermes da Fonseca. O desastroso mandato do militar — que pretendia acabar com o poder das oligarquias regionais por meio da "Política das Salvações", da qual fora artífice, mais uma vez, Pinheiro Machado e cujo símbolo era uma vassoura que limparia a corrupção e "a roubalheira dos civilistas" — assustou a elite cafeeira e reaproximou os dois poderosos estados, que logo reataram a parceria.[13]

Em 1913, o governador mineiro Júlio Brandão acordou com o mandatário paulista Rodrigues Alves o chamado Pacto de Ouro Fino. A partir da eleição do mineiro Venceslau Brás, no ano seguinte, os dois estados se alternariam na presidên-

A REPÚBLICA VELHA (1889–1930) **59**

cia da República, estabelecendo o que ficaria conhecido por "Política do Café com Leite". O acerto entre São Paulo e Minas Gerais transformou a sucessão presidencial em "um ritual de passagem", definiram as historiadoras Lilia Schwarcz e Heloisa Starling.[14] Até Washington Luís e as eleições de 1930.

NOTAS

1 | Celso Castro, *Os militares e a República*, pp. 63-4.

2 | Rodrigo Trespach, *Quatro dias em abril*, pp. 18-9.

3 | Rodrigo Trespach, *Quatro dias em abril*, p. 67.

4 | Jorge Caldeira, *História da riqueza no Brasil*, p. 373.

5 | Hélio Silva e Maria Cecília Carneiro, "Campos Sales", *Os presidentes*, p. 138.

6 | Jorge Caldeira, *História da riqueza no Brasil*, pp. 381-4.

7 | Alzira Vargas do Amaral Peixoto, *Getúlio Vargas, meu pai*, p. 19.

8 | João Neves da Fontoura, *Memórias*, vol.1, p. 167.

9 | Rodolpho Telarolli, *Eleições e fraudes eleitorais na República Velha*, pp. 68-9.

10 | Costa Porto, *Pinheiro Machado e seu tempo*, p. 157.

11 | Jairo Nicolau, *História do voto no Brasil*, p. 35; Batista Luzardo, "Episódios revolucionários", *Simpósio sobre a Revolução de 30*, p. 550.

12 | Edgard Carone, *A Primeira República*, p. 133.

13 | Daniel de Medeiros, *1930, a revolução disfarçada*, pp. 10-1.

14 | Lilia Schwarcz e Heloisa Starling, *Brasil: uma biografia*, p. 352.

3.
AS REVOLTAS TENENTISTAS (1922-7)

Eram duas horas da tarde de sábado, 8 de outubro de 1921, quando o telefone tocou. O jornalista Mário Rodrigues estava na sala da diretoria do jornal *Correio da Manhã*, no largo da Carioca, centro do Rio de Janeiro, à época capital federal. Quem ligava era o polêmico senador carioca Irineu Machado, alcunhado pela imprensa da capital, entre outras coisas, de "ofídio barbado" e "piolho de cobra". "Mário, escute", falou ele, "uma pessoa que se encontra aqui ao meu lado possui importantes documentos, que interessariam muito à política". Machado pediu urgência, e Rodrigues tomou um táxi até a casa do senador. Ao chegar, o jornalista topou com Oldemar Lacerda, que logo sacou duas cartas que mantinha em um dos bolsos. Eram missivas supostamente escritas por Artur Bernardes, candidato à presidência, endereçadas ao amigo e senador mineiro Raul Soares, então ministro da Marinha. O conteúdo era explosivo. Lacerda pediu que o jornal publicasse o material, mas apenas depois que ele estivesse na Europa. O jornalista recuou, perguntando quem autenticaria as cartas. O senador Machado, então, apresentou uma carta de Bernardes que mantinha consigo. De fato, a letra se assemelhava às das cartas que Lacerda apresentara. Mário Rodrigues levou o material até a sede do jornal, entregou ao chefe da redação, detalhou o encontro e saiu de folga. Na manhã seguinte, a primeira carta foi publicada. Era o início de uma crise que abalaria as estruturas da política nacional.[1]

A REAÇÃO REPUBLICANA E AS CARTAS FALSAS

O mandato de Venceslau Brás entre 1914 e 1918 fora acertado entre as oligarquias paulista e mineira para evitar o ressurgimento da influência militar. Embora com algum desentendimento, seu sucessor também foi escolhido segundo a Política do Café com Leite. Rodrigues Alves assumiria para um segundo mandato. Acontece que, doente, o novo presidente faleceu poucos meses após a posse, e o vice-presidente Delfim Moreira convocou novas eleições. Mais uma vez, Rui Barbosa foi lançado candidato — indicação do ex-presidente Nilo Peçanha. Minas Gerais e São Paulo, no entanto, escolheram outro nome, sugerido pelo governador gaúcho Borges de Medeiros: o paraibano Epitácio Pessoa. Barbosa passou a atacar o candidato situacionista, alegando que Pessoa era inelegível, pois era ministro aposentado do Supremo Tribunal Federal, tinha problemas de saúde e nem sequer estava no Brasil, já que naquele momento representava o país na Conferência de Paz, em Versalhes. Mas a oposição não tinha vez contra candidatos governistas e de nada adiantaram a fama internacional e a vasta lista de serviços prestados à nação: mais uma vez, Barbosa foi derrotado. Em 1919, com mais de 367 mil votantes, Pessoa foi eleito com mais que o dobro de votos de seu oponente. (Rui Barbosa obteve pouco mais de 118 mil votos, bem menos do que na eleição contra o marechal Hermes — o Águia de Haia receberia votos em todas as nove eleições entre 1894 e 1922, mesmo tendo concorrido oficialmente apenas em 1910 e 1919.)

O governo de Epitácio Pessoa viveu, pela primeira vez no Brasil, as grandes manifestações e greves operárias, que, influenciadas pela Revolução Russa, deixavam aos poucos o viés anarquista para se associarem aos socialistas. Em São Paulo, entre 1919 e 1920, foram mais de sessenta greves — o Primeiro de Maio de 1919 reuniu mais de 120 mil grevistas em São Paulo e no Rio de Janeiro. Em 1922, foi criado o Partido Comunista do Brasil. O problema maior, no entanto, mais uma vez, seria a sucessão presidencial. A política dos governadores de Campos Sales começava a mostrar grandes desgastes. Minas Gerais indicou Artur Bernardes, tendo como vice Urbano dos Santos, o que desagradou as bancadas de Pernambuco e da Bahia, ansiosas para indicar os governadores José Bezerra e José Seabra e ocupar um lugar de destaque na política nacional. Com apoio de Borges de Medeiros, pernambucanos e baianos lançaram, então, a candidatura do fluminense florianista Nilo Peçanha, com José Seabra como vice, dando início ao que ficou conhecido como Reação Republicana.

Paulistas e mineiros queimavam cada vez mais dinheiro nacional em estratagemas para a valorização do café, e Borges de Medeiros temia que uma revisão constitucional enfraquecesse ainda mais o poder dos estados periféricos. Assim como na Campanha Civilista de Rui Barbosa, a Reação Republicana percorreu o Brasil atrás do voto urbano e da classe média excluída do poder, pregando combate à inflação e uma política de equilíbrio dos gastos públicos.

Nesse meio-tempo, o Exército identificara em Artur Bernardes um antimilitar, mas não estava disposto a apoiar Nilo Peçanha. Desse modo, quando o ex-presidente Hermes da

Fonseca desembarcou no Brasil depois de um longo tempo na Europa, o Clube Militar o saudou como uma possível terceira via. O *Correio da Manhã*, que atacava duramente Epitácio Pessoa, passou a exaltar os militares. O jornal, cujo fundador e proprietário era Edmundo Bittencourt, o mesmo que duelara com o senador Pinheiro Machado e fora parar no hospital com uma bala em uma das nádegas, também era crítico do ex-governador mineiro. Por isso, como um dos principais veículos de oposição, mesmo sem provas de autenticidade e mal-intencionado, em 9 de outubro de 1921, o *Correio da Manhã* publicou a primeira das duas cartas entregues por Oldemar Lacerda a Mário Rodrigues.

Como era típico dos jornais da época, a reportagem vinha em colunas estreitas, em meio à publicidade de artigos diversos. Tinha como título "O Sr. Artur Bernardes lança pecha de venalidade sobre os oficiais do Exército" e trazia estampada uma fotocópia da carta na qual o candidato à presidência, que o periódico afirmava ser um "politiqueiro inferior", chamava o marechal Hermes de "canalha" e "sargentão sem compostura". Bernardes, dizia o texto da carta, afirmava saber que o "ridículo e acintoso banquete" dado pelo militar aos "seus apaniguados" era uma "orgia". O jornal cobrava uma reprimenda por parte de Raul Soares, não admitindo contemporizações: "Os que forem venais, que é quase a totalidade, compre-os com todos os seus bordados e galões".[2]

Tão logo soube da publicação, Bernardes telegrafou a Bueno Brandão, líder da bancada mineira no Congresso. A carta, afirmava ele, era um documento "absolutamente apócrifo", parte de um conjunto forjado de cinco cartas que já haviam sido oferecidas a outros jornais do país. Bernardes pediu que Brandão afirmasse isso na tribuna, mas o país já estava em polvorosa. No dia seguinte, o Clube Militar se reuniu com o marechal Hermes. Um manifesto à nação foi escrito e assinado por oitenta sócios. O Exército, dizia o texto, precisava "reagir imediatamente", não permitindo que Artur Bernardes, se eleito, pudesse se sentar na cadeira presidencial. Para piorar a situação, o *Correio da Manhã* publicou uma segunda carta, em que Bernardes afirmava não temer "as classes armadas" e chamava o ex-presidente Nilo Peçanha de "moleque". Para salvar a honra do Exército, o Clube Militar exigiu uma perícia. Mas até os peritos divergiram; o primeiro alegou que eram "irrefutavelmente falsas" enquanto um segundo afirmava que tinham "cunho de autenticidade". Na verdade, o próprio Bernardes se surpreendera com a qualidade da falsificação e só notara diferença no traço do "t", de Artur. Mesmo sem uma definição, o Clube Militar decidiu, em Assembleia com quase setecentos sócios, "entregar o caso ao julgamento da nação".

Mais tarde, pouco antes da eleição de março de 1922, Oldemar Lacerda admitiu que Jacinto Guimarães falsificara as cartas tendo por base uma carta de Bernardes ao próprio marechal Hermes e outra que estava em poder do Arquivo do Tesouro. O papel timbrado fora surrupiado da Imprensa Oficial de Belo Horizonte. De fato, como Bernardes havia alegado, as cartas já circulavam entre políticos e outros jornais antes da publicação do *Correio da Manhã*, que, segundo se soube depois — por intermédio do senador Machado, integrante da Reação Republicana — havia negociado uma quantia em dinheiro com o falsário. O pilantra, claro, após a transação espúria, partira para Europa.[3]

Mesmo com as cartas declaradas oficialmente falsas, a crise estava instaurada. Não obstante, Artur Bernardes elegeu-se com quase 60% dos votos — como todos sabiam, a situação não perdia eleições. Mas ele só assumiria o cargo em novembro, pois a oposição continuou atacando o político mineiro e o governo temia que, se empossado, ele não duraria 24 horas no cargo. De todo modo, em junho, Bernardes foi proclamado presidente, mas nesse meio-tempo seu vice faleceu. Como as eleições para vice-presidência eram realizadas de forma separada, a oposição derrotada tentou colocar o vice de Nilo Peçanha no lugar, o que não foi aceito pelo Congresso. Em paralelo, agitações sacudiam o Maranhão e Pernambuco, onde as disputas políticas colocaram o Exército contra milícias locais de jagunços e cangaceiros. Em 29 de junho, o marechal Hermes telegrafou ao comandante militar da região, acusando o governo de parcialidade. A mensagem, propositalmente, foi distribuída a todos os comandantes militares e principais jornais do país. Epitácio Pessoa, então, ordenou a prisão de Hermes por 24 horas e o fechamento do Clube Militar por seis meses, com base em uma lei contra associações nocivas à sociedade.[4] O Exército considerou um ultraje à honra de um oficial militar e uma humilhação suprema das Forças Armadas como um todo. Foi o estopim para um levante militar.

OS DEZOITO DO FORTE (1922)

Em 5 de julho de 1922, à 1h20 da madrugada, a guarnição do Forte de Copacabana se levantou em armas contra o governo de Epitácio Pessoa e seu sucessor, Artur Bernardes. O comandante do Forte de Copacabana tinha motivos de sobra para comandar a insurreição: o capitão Euclides Hermes era filho do marechal Hermes da Fonseca.

Desde o dia anterior, a guarnição se preparava para o levante — que esperava contar com o auxílio de todas as outras tropas estacionadas no Rio de Janeiro. Um dos voluntários que chegou ao forte naquele dia foi o primeiro-tenente Eduardo Gomes, mais tarde brigadeiro (e quem, segundo o folclore, daria nome ao nosso famoso doce).

Durante a madrugada, já no dia 5, o Forte de Copacabana deu início à revolta apontando e atirando seus canhões contra diversas unidades militares da cidade que não aderiram ao movimento. Ao contrário do imaginado, os tenentes revoltosos lutavam sozinhos — somente o Primeiro Regimento de Infantaria e a Escola Militar esboçaram alguma ação de apoio. Isolado e cercado, o forte foi duramente bombardeado pelos canhões da Fortaleza de Santa Cruz e dos navios da Marinha estacionados na baía. No dia 6, em uma tentativa de negociação, o capitão Euclides Hermes foi aprisionado e, após o apelo governista, começaram as rendições. Dos 301 revoltosos, 272 renderam-se às tropas legalistas. Liderados por Siqueira Campos, os 29 restantes decidiram deixar o lugar e lutar contra as tropas que os cercavam. Às quinze horas, depois de dividir entre si a bandeira brasileira, abandonaram o Forte de Copacabana e saíram em marcha pela avenida Atlântica. No caminho, alguns desertaram e um civil se juntou ao grupo, o engenheiro gaúcho Otávio Correia. A foto de Zenóbio Couto, publicada no jornal *O Malho*, eternizou um número e um nome para o episódio: os Dezoito do Forte. Mas, ao se dar o choque final com as tropas governistas, entre o paredão da avenida Atlântica e a rua Barroso (hoje, Siqueira Campos), os revoltosos eram apenas onze. De qualquer forma, destes, apenas Siqueira Campos e Eduardo Gomes sobreviveram ao massacre. O jornalista Assis Chateaubriand, o "Chatô", assistiu de perto aos combates e pôde "ver a areia ainda quente, embebida do sangue dos bravos que sucumbiram de um lado e de outro". Em paralelo ao que ocorria no Rio de Janeiro, também houve levantes em Niterói e em Mato Grosso, onde, no dia 13 de julho, os últimos revoltosos renderam-se.

O governo rapidamente identificou os principais líderes do movimento. Entre eles estavam o próprio marechal Hermes, Nilo Peçanha e os generais Joaquim Inácio e Isidoro Dias Lopes. Envolvidos também estavam os tenentes João Alberto Lins de Barros e Osvaldo Cordeiro de Farias — que não se sublevaram apenas por avaliar, corretamente, que o governo esmagaria a revolta sem maiores esforços. Odílio Denys também estava entre eles — e seria um dos generais articuladores do Golpe de 1964. Entre os civis estavam o jornalista Irineu Marinho (pai de Roberto Marinho, do Grupo Globo) e o advogado e político Maurício de Lacerda. Acabaram encarcerados por pouco tempo — Hermes recebeu habeas corpus, mas, já doente, foi solto apenas para morrer no ano seguinte. Outro preso por ter se recusado a reprimir os sediciosos foi o então primeiro-tenente e futuro presidente da República Artur da Costa e Silva. Os então capitães Euclides de Oliveira Figueiredo, pai do futuro presidente do Brasil João Batista Figueiredo, e Eurico Gaspar Dutra, futuro presidente da República, pelo contrário, destacaram-se por agir contra o levante.

O resultado imediato da revolta foi nulo, e a ideia de derrubar o presidente não passou de uma aventura quixotesca. As consequências, porém, seriam determinantes para o futuro do país. A chamada Revolta de 1922 deu início ao que se denominou "movimento tenentista", que transformou a luta contra um nome em uma guerra contra o regime das oligarquias. O historiador Edgard Carone observou que "a marcha dos Dezoito do Forte significou o sacrifício por um ideal que iria continuar". Mas, embora os jovens oficiais tivessem como bandeira a luta contra a fraude eleitoral, a corrupção e a imoralidade política da República Velha, o caminho escolhido levaria o Brasil a trilhar uma estrada perigosa. Como João Neves lembraria muitas décadas mais tarde, "naquele dia, naquele local, começava [...] a Revolução Brasileira, que viria a triunfar em 1930".[5] O ano de 1922 marcava o início de um ciclo revolucionário.

A REVOLUÇÃO LIBERTADORA (1923) E O SEGUNDO CINCO DE JULHO (1924)

Em novembro de 1922, Borges de Medeiros concorria a seu quinto mandato como governador do Rio Grande do Sul. O resultado das eleições, no entanto, não ocorreu como previsto.

Em janeiro do ano seguinte, depois das apurações, a Comissão de Constituição e Poderes da Assembleia dos Representantes, versão gaúcha da Comissão de Verificação de Poderes, não encontrou votos suficientes para a reeleição do mandatário gaúcho. O herdeiro de Júlio de Castilhos obtivera a maioria dos votos, mas não os três quartos previstos pela Constituição estadual.

O escritor Erico Verissimo narrou o episódio, que entrou para o folclore gaúcho, em *O tempo e o vento*. Quando a comissão chegou ao Palácio do Governo para dar a notícia, foi saudada por um sorridente doutor Medeiros: "Já sei! Vieram me felicitar pela minha reeleição!". Sem a coragem necessária para contrariar o grande líder, os comissários Getúlio Vargas, Ariosto Pinto e José Vasconcelos Pinto "se entreolharam, se acovardaram e viram que não havia outro remédio senão representar também a farsa. Voltaram para a assembleia com o rabo entre as pernas, fecharam-se a sete chaves e trataram de fazer a alquimia de costume para não decepcionar o sátrapa".[6] No dia seguinte, apresentaram o parecer: Borges recebera 106.360 votos, contra 32.216 do candidato do Partido Libertador, Assis Brasil. Dessa forma, com uma pequena margem de pouco mais de 2.400 votos, o governador gaúcho se reelegeu para mais um mandato.

Borges de Medeiros fazia o tipo discreto. "Não viajava", relatou Erico Verissimo, "vivia metido no palácio do governo e em si mesmo". "Seco de carnes, gestos e palavras", resumiu o escritor gaúcho. Borges era baixote e dono de uma bigodeira cinzenta e desgrenhada, o que lhe dava um ar assustado, senão amedrontado. Segundo um contemporâneo, tinha os olhos azuis "mortiços de peixe recém-pescado". Não tinha o mesmo carisma de Júlio de Castilhos e, assim como o "chefe", não era um grande orador. Mas era, até aquela data, líder do Partido Republicano Rio-Grandense e senhor dos destinos da política gaúcha, embora dissidências começassem a aparecer. O próprio Assis Brasil militara no PRR. Em 1915, quando o ex-senador gaúcho Ramiro Barcellos tentou concorrer novamente ao Senado, Borges o impediu, indicando o marechal Hermes da Fonseca, que acabou se elegendo. Ramiro rompeu com Borges e com o partido, publicando naquele ano, sob o pseudônimo Amaro Juvenal, um poemeto campestre intitulado *Antônio Chimango*, uma sátira impiedosa à figura do líder gaúcho e a sua política despótica. Em pouco mais de 1.270 versos, o todo-poderoso senhor da "estância de São Pedro" (antigo nome do Rio Grande do Sul) era descrito como fraco e covarde, "magro como o lobisomem, mesquinho como o demônio".[7] O livro foi censurado e perseguido, o que não impediu sua propagação nos meios clandestinos e posterior popularização que o fizeram entrar na lista de clássicos da literatura gaúcha. Muitos sul-rio-grandenses, como o avô de Erico Verissimo, sabiam os versos de memória.

Por razões óbvias, o resultado da eleição de 1922 não foi aceito pela oposição. Herdeiros dos maragatos de Gaspar Silveira Martins e contrários ao parecer da Comissão de Constituição e Poderes, os partidários de Assis Brasil estavam dispostos a derrubar Borges de Medeiros por qualquer meio. Alegavam que Borges subtraíra da oposição mais de 6 mil votos. Discutia-se também sobre qual número os três quartos necessários à reeleição deveriam ser calculados, se sobre o de votantes ou sobre o de inscritos para o pleito. Sem chegar a um acordo, os libertadores foram até Artur Bernardes, que serviria como mediador. O presidente rechaçou a alternativa e deixou que os dois lados encontrassem uma solução. E o resultado, mais uma vez, foi uma guerra civil — chamada de Revolução Libertadora, ou Revolução de 1923. Depois de dez meses de uma campanha militar sem grandes combates, com os rebeldes cavalarianos assaltando vilas e cidades, mas sem permitir a aproximação e o confronto direto com as forças legalistas, compostas de efetivos da Brigada Militar, da polícia militar gaúcha, e dos chamados corpos provisórios, organizados por militantes e partidários borgistas, Bernardes finalmente enviou para o sul o ministro da guerra Setembrino de Carvalho. A missão do general veio ao encontro do que desejavam os libertadores, uma intervenção do governo federal, já que, durante a eleição presidencial, Borges apoiara a candidatura de Nilo Peçanha, sendo contrário a Bernardes.

Ao chegar, porém, Carvalho declarou que não tinha ido impor nada. "Vim para obter a paz. Vim, em nome do Brasil, pedir, rogar, que cesse o derramamento de sangue", afirmou.[8] Iniciadas as tratativas, em 14 de dezembro de 1923, Assis Brasil assinou um tratado de paz em sua residência, na estância de Pedras Altas, na fronteira com o Uruguai. No dia seguinte, Borges de Medeiros ratificou o documento em Porto Alegre. Ficou acertado que este cumpriria seu mandato de quatro anos, mas não poderia mais se candidatar. Entre outras coisas, o governo chimango ainda concedeu anistia aos revoltosos e deu garantias de lisura às próximas eleições. O trauma do período borgista marcaria profundamente a política do estado sulista: depois dele, nunca mais um governador gaúcho conseguiria ser reeleito.

Pacificado o Rio Grande do Sul, o ano de 1923 encerrou com o presidente Bernardes suspendendo o estado de sítio, o que se mostraria algo raro em seu governo: em quatro anos no poder, o presidente governaria em estado de normalidade apenas durante dois meses. Ao fim do mandato de Bernardes, o jornalista Assis Chateaubriand escreveria um livro atacando o presidente, que, segundo ele, era irascível, tacanho, nacionalista e quase xenófobo: "Tivemos presidentes que fizeram coisas perversas. Outros perpetraram atos imorais. O dr. Bernardes foi o único que fez coisas perversas e imorais ao mesmo tempo".[9]

A tranquilidade, porém, foi apenas temporária. No final do ano, o julgamento dos implicados no levante de 1922 condenou os envolvidos pelo artigo 107 do Código Penal, e não pelo artigo 111, como se esperava, já que a revolta tinha como alvo direto a pessoa do presidente, sem objetivar um golpe de Estado. Seis condenados fugiram, entre os quais Joaquim Távora e Eduardo Gomes, um dos únicos sobreviventes dos Dezoito do Forte. Eles se juntariam ao general gaúcho Isidoro Dias Lopes, ao coronel João Francisco e a outros oficiais que tramavam uma nova e mais ampla rebelião envolvendo Minas Gerais, Rio Grande do Sul, Santa Catarina, Paraná e São Paulo. Novamente, o objetivo era derrubar Artur Bernardes, transformado em inimigo número um dos militares.

Depois de adiada por cinco vezes, a data do levante foi marcada para 5 de julho, para relembrar o evento ocorrido dois anos antes — por isso, a revolução ficou conhecida como O Segundo Cinco de Julho, além de Revolução de 1924, Revolução Esquecida ou, ainda, Revolta de Isidoro. Às 4h30 da madrugada, liderados pelo general Isidoro Lopes e pelo major Miguel Costa, comandante do Regimento de Cavalaria da Força Pública de São Paulo — onde se deu o levante —, os revoltos deram início ao planejado. Dos quartéis de Quitaúna e de Santana, o Segundo Grupo de Artilharia Pesada e o Quarto Batalhão de Caçadores partiram em direção ao quartel da Força Pública, no bairro da Luz, que foi conquistado e transformado em quartel-general. O objetivo era assumir o controle da capital e impedir a reação do Governo Federal. A primeira tentativa de tomar o Palácio dos Campos Elíseos, onde o governador Carlos de Campos se entrincheirara com menos de trinta homens, fracassou. Até que, no dia 9, após pesado bombardeio da artilharia, a sede do governo foi tomada e Campos fugiu para a zona leste, onde começavam a chegar as tropas legalistas vindas de Mogi das Cruzes.

Se a tropa inicial tinha cerca de 2 mil homens, durante as agitações, outros 3 mil aderiram à causa, reunindo militares de vários batalhões e civis, incluindo estrangeiros — pelo menos três batalhões foram formados por alemães, húngaros e italianos, além de 58 pessoas de outras nacionalidades. E, assim, os revoltosos conseguiram tomar São Paulo.

As forças leais ao governo contavam com menos de quinhentos soldados, mas, como Campos se instalara em um vagão adaptado na estação Guaiaúna, na Penha, com acesso à rede de comunicações — que os revoltos não conseguiram cortar —, o contato com Artur Bernardes permitiu aos legalistas mobilizar e enviar reforços federais de outras cidades — de Santos, por exemplo, partiram marinheiros desembarcados do navio *Minas Gerais* e artilheiros do Forte de Itaipu e do Tiro Naval. Em 16 de julho, a cidade, que tinha então cerca de 700 mil habitantes, estava cercada por 15 mil soldados leais ao governo federal.

Enquanto isso, o avião *Oriole*, pilotado por Carlos Herdler e Eduardo Gomes, deixou São Paulo com o objetivo de bombardear o Palácio do Catete, no Rio de Janeiro, e espalhar sobre as cidades pelo caminho 30 mil panfletos que conclamavam a população a pegar em armas. O frágil aparelho, sobrecarregado com um segundo tanque de gasolina, sofreu uma pane mecânica, sendo obrigado a aterrissar próximo à cidade de Cunha. Os pilotos fugiram, sendo capturados mais tarde; Herdler em São Paulo e Eduardo em Florianópolis.

Sem chances de vitória, os rebeldes decidiram abandonar suas posições em São Paulo durante a madrugada do dia 27 de julho. Para poupar os civis, após 23 dias, Isidoro Lopes ordenou a retirada, efetuada em comboios de trens que partiram da estação da Luz. "Nosso objetivo fundamental", escreveu o general na proclamação publicada nos jornais do dia seguinte, "era e é uma revolução no Brasil que elevasse os corações, que sacudisse os nervos, que estimulasse o sangue da raça enfraquecida, explorada, ludibriada escravizada".[10]

O saldo dos combates nas ruas, do bombardeio aéreo e dos pesados disparos realizados pela artilharia legalista foi de

503 pessoas mortas e outras 4.846 feridas. Pelo menos 1,8 mil imóveis foram destruídos e mais de 212 mil paulistanos fugiram para o interior durante o conflito. O presidente Bernardes tinha adotado como lema "Destrua-se São Paulo, mas preserve-se o império da lei". Até mesmo o governador Campos afirmou que São Paulo preferia "ver destruída sua formosa capital antes que destruída a legalidade no Brasil".

O levante paulista até serviu de exemplo para que tenentes organizassem rebeliões em Sergipe e no Amazonas, e um pouco mais tarde, em novembro, no Rio de Janeiro. Nenhuma delas, no entanto, logrou êxito.

Com a retirada dos revoltosos de São Paulo, na Câmara federal, os deputados parabenizaram o governo pela eficácia da ação. Getúlio Vargas, representante da bancada gaúcha, afirmou que havia terminado "a época dos motins de quartéis e das empreitadas caudilhescas, venham de onde vierem". Enquanto os deputados falavam, o povo paulista se recuperava dos danos. Ou pelo menos tentava. Assim como muitos pequenos comércios e fábricas, a editora de Monteiro Lobato quebrou e a beneficiadora de algodão do pai da atriz Lélia Abramo ficou arruinada — a mãe de Lélia vinha de uma família de anarquistas e militantes italianos de esquerda; ela mesma seria uma das fundadoras do Partido dos Trabalhadores, em 1980. Igualmente de família anarquista e militante, a escritora Zélia Gattai lembrou como a revolução acabou: "Isidoro derrotado, papai arruinado".

Em outubro, enquanto o exército de Isidoro Dias Lopes, acossado por tropas governistas, percorria os estados de São Paulo e do Paraná em fuga, uma revolta era deflagrada no Rio Grande do Sul. Além do Primeiro Batalhão Ferroviário de Santo Ângelo, comandado pelo capitão Luiz Carlos Prestes, o principal líder rebelde, sublevaram-se batalhões em São Borja, Alegrete, Uruguaiana e Cachoeira do Sul. Fora o descontentamento com o cenário nacional, o movimento gaúcho reunia muitos insatisfeitos com o governo de Borges de Medeiros. Com menos de 3 mil homens contra uma força cinco vezes maior, as tropas lideradas por Prestes foram cercadas na fronteira gaúcha com a Argentina durante dois meses. A alternativa ao aniquilamento e à rendição foi romper o cerco e se juntar às forças de Isidoro Dias.

A COLUNA PRESTES (1925–7)

Meses depois, em abril de 1925, os dois grupos rebeldes se encontraram em Benjamin Constant, no Paraná. Uma reunião no dia seguinte, em Foz do Iguaçu, definiu o destino dos revoltosos. Foram criados quatro "destacamentos" liderados por Cordeiro de Farias, João Alberto, Djalma Dutra e Siqueira Campos (o outro sobrevivente dos Dezoito do Forte, Eduardo Gomes, foi preso antes que pudesse integrar o grupo). Miguel Costa seria o comandante-geral da chamada Primeira Divisão Revolucionária, enquanto Prestes seria o chefe do Estado-Maior e Juarez Távora, o subchefe. Isidoro Dias Lopes, já com 60 anos e menos otimista quanto ao resultado da revolução, refugiou-se na Argentina com a missão de encontrar apoio externo ao movimento. "A guerra no Brasil, qualquer que seja o terreno, é a guerra do movimento. Para nós, revolucionários, o movimento é a vitória", afirmou Prestes em carta ao general.[11] A partir dali, a guerrilha seria a marca da Coluna Miguel Costa-Prestes, em pouco tempo alcunhada apenas de Coluna Prestes, dados a liderança e o prestígio alcançado pelo capitão gaúcho.

Depois do Paraná, os revolucionários percorreram Mato Grosso, Goiás, Minas Gerais, Maranhão, Piauí, Ceará, Rio Grande do Norte, Paraíba, Pernambuco e Bahia, retornando pelo Centro-Oeste para depor armas já em território boliviano, sem rendição ou uma derrota sequer em mais de cinquenta batalhas, segundo alguns historiadores. Restavam pouco mais de seiscentos homens, noventa fuzis Mauser, quatro metralhadoras pesadas, dois fuzis metralhadoras e munição para 8 mil tiros. Haviam percorrido, segundo o advogado Lourenço Moreira Lima, o "bacharel feroz" responsável pelos registros da Coluna, 24.947 quilômetros em dois anos, um mês e sete dias (de abril de 1925 a junho de 1927). Conforme o historiador militar Hernâni Donato, que contabilizou 94 confrontos, a Coluna Prestes nunca sofreu uma derrota significativa porque não combatia como o exército regular, ou seja, preferia fustigar o inimigo e fugir a dar combate pesado ou quartel.

Seja como for, os números são superlativos. Prestes e seus comandados percorreram quase três vezes a distância trilhada pelo comunista Mao Tsé-Tung e seu exército de 100 mil homens na mundialmente famosa Longa Marcha. O historiador Caio Prado Júnior afirmou que a Coluna foi "um dos episódios máximos da história brasileira". A "grande síntese da rebelião tenentista", afirmou outro historiador, José Augusto Drummond,[12] feito militar extraordinário, classificado até mesmo por militares norte-americanos como um dos mais expressivos na tática de guerrilha da história contemporânea.

A distância percorrida pela Coluna Prestes foi imensa, assim como as dificuldades e as controvérsias. Por onde passavam, os soldados roubavam cavalos, roupas e joias, extorquiam comerciantes, assaltavam as coletorias, libertavam presos e até resolviam problemas judiciais. "Libertar o homem do interior do chefe político ou do coronel despótico, senhor de braço e cutelo, parecia-nos um grande passo para o progresso do país", escreveu o pernambucano Lins de Barros. A propaganda governista, no entanto, ajudou a disseminar a ideia de terror — favorecida pela própria tática adotada pela Coluna, que usava de emboscadas e ataques ferozes para amedrontar as tropas do governo, além de cometer uma série de tropelias pouco dignas. Embora tenham distribuído víveres para a população carente dos povoados, na maioria dos lugares, quando a Coluna chegava, os habitantes já haviam deixado suas casas, em pânico.

Tropas do governo federal, milícias estaduais e grupos de cangaceiros particulares tentaram barrar e eliminar a marcha. Salvo alguns poucos mortos ou capturados, não lograram êxito. Quando rebeldes eram capturados, eram transformados em troféus. O historiador Chico Castro descreveu a prisão de Juarez Távora, no Piauí:

> *A prisão do oficial revoltoso foi uma coqueluche em Teresina. Vinte e sete anos, solteiro, galã, alto, branco, cabelos ondulados, de olhar penetrante, educado, pertencente à Sociedade de São Vicente de Paula, despertou as mais ardentes fantasias entre as mulheres teresinenses, que fizeram fila para vê-lo, levando flores e presentes. O lenço vermelho dele virou objeto de obscuros desejos femininos, impensáveis para uma época marcada pela caretice e repressão.[13]*

Nem todos os rebeldes eram galãs, mas grande parte da coluna era composta de jovens de menos de 20 anos, muitos imberbes. Havia também um grupo de cerca de cinquenta mulheres vivandeiras, quase todas do destacamento gaúcho, que atuavam como enfermeiras ou companheiras de soldados e oficiais. Alguns nomes foram registrados, embora quase todos sem identificação de sobrenome, como a "brava, valente e devotada" austríaca Hermínia; a "alemãzinha loira e bonita" Elza Schimidk, ajuntada com o major Lira; a "'generala' rebelde e de gênio indomável" Alzira; Santa Rosa, que tão logo deu à luz um menino estava de volta ao lombo do cavalo; "Tia Maria", uma "negra feiticeira" temida pelos legalistas por fazer trabalhos de magia. Havia ainda a "Cara de Macaca", "Isabel-Pisca-Pisca", "Ai Jesus", "Maria Revoltosa", "Lamparina",

"Chuvinha" e "Xatuca", entre outras. Uma parte delas usava farda e andava armada, "misturada à tropa".

Com muitos homens e poucas mulheres, a solução para eles era encontrar bordéis sempre que possível. Em Mato Grosso, os soldados atravessavam a fronteira para o Paraguai, "onde a severidade dos costumes" era menor. O próprio João Alberto contou que os cabarés — chamados de "jiroquis" — funcionavam em casas de taipa e chão batido ao som da polca paraguaia, com violinos, violões e muitas "chinas", em uma "alegre e movimentada" vida noturna. Em certa oportunidade, os brasileiros se envolveram em um tiroteio que acabou com três mortos e dez feridos. A procura pelo sexo feminino levou aos excessos. Houve casos de estupros e violências. No Pantanal, ao retornar para casa após ter se escondido dos homens da Coluna, um agricultor "encontrou a mulher com o sexo rasgado, sangue nas roupas arrebentadas e os olhos parados, vazios". Casos assim não foram raros, mas tais abusos não contavam com a anuência dos superiores — pelo menos não com a de Prestes, que declarou que um homem acusado de "seduzir uma virgem merecia ser fuzilado".[14] E excessos eram cometidos de lado a lado: "a mais linda" das mulheres da Coluna, Albertina, caiu em poder das tropas governistas na Paraíba e, ao resistir à tentativa de estupro, foi brutalmente degolada.

A situação não era fácil, e poucas foram as adesões. Enfrentar o interior brasileiro através da mata virgem, da Caatinga e do Pantanal era pouco encorajador. No Nordeste, em especial no Piauí e no Ceará, que registrou a maior quantidade de alistamentos voluntários, o número não chegou a quinhentos — em Goiás, um pequeno número de índios Xerentes também chegou a acompanhar temporariamente o grupo. A Coluna, assim, nunca passou de pouco mais de 1.200 homens, a pé ou a cavalo.

A Coluna Prestes não tinha serviço de ambulâncias nem aparelhos cirúrgicos. Os medicamentos eram raros e havia apenas um médico e um veterinário — na falta da pomada "Maravilha Curativa do Dr. Humphrey's", os soldados se valiam de banha de porco e ácido bórico, que servia para o tratamento de contusões, escoriações, queimaduras, frieiras e furúnculos. Lins de Barros relatou que a "resistência orgânica dos enfermos e o índice de salubridade das terras virgens eram, porém, os maiores medicamentos dos nossos feridos".

O historiador estadunidense Neill Macaulay, espião da CIA que chegou a entrevistar Prestes tempos depois, em Moscou, escreveu que jornais, revistas e livros eram avidamente procurados pelos oficiais; o material confiscado de fazendeiros era repartido para que todos tivessem acesso à leitura, mas também servia para enrolar fumo e como papel higiênico. O major Ary Salgado Freire teria consumido uma Bíblia inteira na confecção de cigarros.[15] De toda forma, apesar das dificuldades, sempre que possível era editado e impresso o jornal *O Libertador*, cujo lema era "Liberdade ou morte" e cuja finalidade era esclarecer a população sobre os problemas brasileiros.

O CAVALEIRO DA ESPERANÇA

O poeta e senador comunista chileno Pablo Neruda o chamou de "Capitão do Povo". "Herói trágico do nosso século", escreveu sua segunda mulher, Maria do Carmo Ribeiro.[16] "Nosso Aníbal", afirmou Moreira Lima. A história, no entanto, o conhece como o "Cavaleiro da Esperança", alcunha que recebeu do jornal carioca *A Esquerda*, em janeiro de 1928, depois eternizada pelo romancista baiano Jorge Amado em livro escrito em 1942 — quase uma hagiografia de "uma legenda e um símbolo, no Brasil e pelo mundo afora".

Luiz Carlos Prestes nasceu em 1898, em Porto Alegre.[17] O pai era capitão de engenheiros do Exército e positivista; o avô materno, um destacado comerciante na capital gaúcha e membro da maçonaria; o bisavô Manuel José de Freitas Travassos Filho, Cavaleiro da Ordem de Cristo e guarda-roupa do imperador dom Pedro I. A mãe, viúva quando Prestes tinha apenas 10 anos, deu aulas de música e idiomas, além de costurar para a Marinha, no Rio de Janeiro, para onde se mudara para que o filho concluísse os estudos na escola militar.

Influenciado pelo positivismo do pai e do meio militar, Prestes manteve-se longe da Igreja. Só foi batizado — em uma "crise filosófica" — aos 18 anos, mas, decepcionado com o padre, deixou a religião em definitivo. Formado no curso de engenharia na Escola Militar do Realengo, no Rio de Janeiro, em 1919, escolheu a Companhia Ferroviária como unidade de serviço. Ali ficou até a eclosão do primeiro levante tenentista, em 1922, do qual, acamado devido à febre tifoide, não chegou a participar, embora tivesse se envolvido ativamente na organização. Foi enviado para o Rio Grande do Sul no ano seguinte para fiscalizar a construção de quartéis na fronteira oeste. Quando ocorreu a revolta que daria origem à Coluna, servia como capitão no Primeiro Batalhão Ferroviário de Santo Ângelo. Sua capacidade intelectual era notória. Cordeiro de Farias, ex-integrante da Coluna, descreveu Prestes, em suas memórias, como homem de "uma inteligência brilhante, maravilhosa e um espírito cooperativo, sempre disposto a ajudar os companheiros".[18]

Quando a marcha da Coluna foi encerrada, Prestes se exilou em La Gaiba, na Bolívia, onde trabalhou em obras de saneamento e abertura de estradas. Em dezembro de 1927, encontrou-se com Astrojildo Pereira, secretário-geral do Partido Comunista do Brasil — que nada mais era do que uma sessão do Komintern, a Internacional Comunista, órgão encarregado de fomentar revoluções e instruir as células comunistas espalhadas pelo mundo sobre como e quando agir. Mais tarde, Prestes revelaria que a influência de Pereira para sua "marcha para o comunismo" fora "relativamente pequena" — desde a chegada à Bolívia, além da obra de Lênin, Prestes vinha lendo o *Manifesto Comunista*, de Karl Marx e Friedrich Engels, livros levados até ele pelo jornalista Rafael Correia de Oliveira. Ainda no exílio, manteve contato com os líderes comunistas Rodolfo Ghioldi e Abraham Guralski, dirigentes da Internacional.

Enquanto Prestes estava no exílio e se aproximava do comunismo, o presidente Washington Luís, que substituíra Artur Bernardes em 1926, preparava o caminho de seu sucessor. A escolha mudaria a história do Brasil.

NOTAS

1 | Hélio Silva e Maria Cecília Carneiro, "Epitácio Pessoa", *Os presidentes*, p. 60; Ruy Castro, *O anjo pornográfico*, p. 35.

2 | Hemeroteca da BN, *Correio da Manhã*, 9 out 1921, p. 2.

3 | Glauco Carneiro, *História das revoluções brasileiras*, pp. 214-5.

4 | Edgard Carone, *Revoluções do Brasil contemporâneo*, p. 30.

5 | João Neves da Fontoura, *Memórias*, vol.1, p. 266; Edgar Carone, *Revoluções do Brasil contemporâneo*, p. 34.

6 | Erico Verissimo, "O arquipélago", *O tempo e o vento*, vol. 1, p. 299.

7 | Amaro Juvenal e Luís Augusto Fischer, *Antônio Chimango e outros textos*, p. 19.

8 | João Neves da Fontoura, *Memórias*, vol.1, p. 297.

9 | Leda Maria Cardoso Naud, "Estado de sítio", parte 3, p. 121; Fernando Morais, *Chatô*, p. 164.

10 | Ilka Stern Cohen, *Bombas sobre São Paulo*, p. 87; Pedro Doria, *Tenentes*, p. 179.

11 | Anita Prestes, *Luiz Carlos Prestes*, p. 62.

12 | José Augusto Drummond, *A Coluna Prestes*, p. 11.

13 | Chico Castro, *A Coluna Prestes no Piauí*, p. 191.

14 | Eliane Brum, *Coluna Prestes*, p. 59; Neill Macaulay, *A Coluna Prestes*, p. 148.

15 | Neill Macaulay, *A Coluna Prestes*, p. 146; João Alberto Lins de Barros, *A marcha da Coluna*, p. 133.

16 | Anita Prestes, *Luiz Carlos Prestes*, p. 247; Maria Prestes, *Meu Companheiro*, p. 188.

17 | Referências biográficas de Prestes estão, entre outras fontes, em Anita Prestes, *Luiz Carlos Prestes*. Optamos, por usar "Luiz Carlos", com z, como usado pelo próprio e pelo instituto que leva o seu nome, em detrimento de "Luís Carlos", com s, usado pela bibliografia recente.

18 | Aspásia Camargo e Walder de Góes, *Meio século de combate*, p. 126.

4.
A ALIANÇA LIBERAL (1929)

Lorena, São Paulo, 5 de maio de 1928. Eram nove horas da noite de sábado quando teve início o jantar oferecido aos 250 convidados e integrantes das comitivas oficiais dos governos paulista e federal. A missão presidencial, formada, entre outros, pelo presidente Washington Luís e os governadores do Rio de Janeiro, Manuel Duarte, e o mineiro, Antônio Carlos de Andrada, deixara o Palácio da Guanabara, no Rio de Janeiro, às 7h40, em 27 automóveis. Próximo do meio-dia, a comitiva chegou a Porto Seco, já em São Paulo, onde a aguardava o governador paulista Júlio Prestes. Ali, com toda a pompa e circunstância, foi rompida a fita que inaugurava o novo trecho da rodovia Rio-São Paulo. Saudada pela imprensa como "obra de honra à engenharia nacional", depois de concluída, a estrada teria 505 quilômetros de extensão. Com um novo tipo de revestimento e sinalização luminosa, com placas de ferro esmaltado e pintura "radio-activa", o tráfego em alguns pontos do trajeto alcançava incríveis — para a época — mil e duzentos veículos por dia.

À noite, durante o jantar, o primeiro a falar foi o governador paulista. Após saudar o presidente, disparou uma pérola: a falta de estradas, segundo ele, seria a "causa determinante da diversidade das raças". Quebrando o protocolo, o promotor de Pindamonhangaba, Dantas Gama, levantou-se e afirmou entusiasticamente que no Brasil só havia dois estadistas: Washington Luís e o governador de São Paulo. Os dois eram "uma pessoa só". O presidente cerrou a fisionomia e baixou a cabeça, em visível constrangimento. A fala de Gama abriu precedente. O senador paulista Arnolfo Azevedo previu que logo Júlio Prestes alcançaria o "zênite esplendoroso em deslumbrante refulgente de luzes". Na mesma linha, seguiu o prefeito anfitrião: a nação brasileira ficaria orgulhosa de um dia ter Júlio Prestes à frente de seus destinos políticos e sociais. Quando enfim chegou sua vez de falar, Washington Luís tentou contemporizar, já que, segundo a política do café com leite, seu sucessor natural estava sentado a seu lado: o governador mineiro Antônio Carlos. "Desgraçado do país que só conta com dois homens para governar", afirmou. Pouco adiantou: o que fora até então tramado nos bastidores tornara-se público. Estava claro que Júlio Prestes seria o futuro presidente do Brasil.[1]

WASHINGTON LUÍS

Fluminense de Macaé, Washington Luís Pereira de Sousa fez toda sua carreira política em São Paulo, onde se estabelecera para estudar direito. Formado, dedicou-se à advocacia em Batatais, cidade onde foi eleito vereador e prefeito. Em seguida, elegeu-se deputado estadual, prefeito da cidade de São Paulo e governador do poderoso estado — onde construiu mais de 1,3 mil quilômetros de rodovias, cunhando a famosa frase "governar é abrir estradas". Depois de uma rápida passagem pelo Senado, foi indicado como candidato único para a presidência da República. Em março de 1926, foi eleito com 688 mil votos, acima de 99% do total — dos mais de cem nomes votados sem candidatura formal, o gaúcho Assis Brasil obteve míseros 1.116 votos. O Brasil tinha então 35 milhões de habitantes e 2,2 milhões de eleitores, dos quais apenas 702 mil votaram. Ao assumir o cargo máximo da República, em novembro, Washington Luís tinha 57 anos e estava no auge da carreira.

Era um homem elegante, alto e de ombros largos, mantinha um cavanhaque cultivado com apuro e o bigode estruturado com brilhantina. O traje sempre alinhado e a indefectível cartola lhe emprestavam uma imagem imponente, que costumava arrancar suspiros femininos — como os da jovem marquesa italiana Elvira Vishi Maurich, de apenas 28 anos, sua amante. Poucos dias depois da inauguração da estrada Rio-São Paulo, em maio de 1928, no quarto que ocupava no Copacabana Palace, após violenta discussão, ela, enciumada, atirou no presidente. Internado às pressas na Casa de Saúde Pedro Ernesto para "retirada de um apêndice", Washington Luís safou-se. A bela se suicidou quatro dias depois — ou, como alguns alegam, deixou o Brasil.

Ajudavam a compor a imagem de sedutor os olhos expressivos e a voz de barítono, que o presidente exibia sempre que possível, fosse cantando árias ou marchinhas populares. Esportista e amante das corridas automobilísticas, era presença marcante também em teatros, saraus e bailes carnavalescos. Não à toa, era chamado de "Rei da Fuzarca". Fernando Morais o chamou de "festeiro desenvolvimentista"; já o jornalista Hélio Silva o definiu como "duro, disciplinado" e dono de uma "honestidade agressiva". Era o produto do sistema que o alçou à presidência, avesso a negociações, convencido de que a política era assunto exclusivo de uma elite que controlava o país.

As historiadoras Lilia Schwarcz e Heloisa Starling definiram o presidente, elegante, vaidoso, com vontade e energia fora do comum, como "um fenômeno de soberba". Era, na verdade, um cabeça-dura autossuficiente que desconsiderava por completo o efeito de seus gestos e atitudes — era chamado de "turrão" até nas modas de violas e marchinhas. "Ouvir... não ouvia", lembraria o deputado sergipano Gilberto Amado em suas memórias.[2]

Ao assumir a presidência, Washington Luís pôs fim a quatro anos de estado de sítio — e só o instalaria novamente às vésperas de sua queda. O instrumento em que o presidente impunha restrições às liberdades e garantias individuais foi largamente utilizado durante a República Velha, período em que o país viveu nada menos do que 2.365 dias em estado de sítio — seis anos e meio, em quatro décadas. Alguns presidentes chegaram a governar por meses a fio em estado de exceção, como Floriano Peixoto (295 dias, quase dez meses) e Hermes da Fonseca (268 dias, quase nove meses). Nenhum, porém, superou o odiado Artur Bernardes: 1.287 dias, a quase totalidade de seu mandato. O próprio Bernardes reconheceria mais tarde que só soube "prender, perseguir, conter pelo terror".[3] Ao contrário de seu antecessor, Washington Luís acreditava que o atraso brasileiro se devia à falta de políticas desenvolvimentistas, como o modelo adotado pelos norte-americanos. O período de tranquilidade política permitiu a estabilização do câmbio e a entrada de capitais estrangeiros no Brasil. Com isso, a alta nas exportações do café e um rigoroso controle fiscal, o governo alcançou um incomum superávit nas contas do país, as quais pertenciam à pasta de Getúlio Vargas – à época, ministro da Fazenda e quem, reconhecidamente, não entendia coisa alguma de finanças.

GETÚLIO VARGAS

Com o assassinato de Pinheiro Machado em 1915, o Rio Grande do Sul perdera seu principal representante político em nível nacional. Foi o "Bloco Acadêmico Castilhista", mais tarde chamado de "geração de 1907", que buscou reconquistar o espaço perdido. A expressão ficou consagrada pela obra *O regionalismo gaúcho*, do historiador estadunidense Joseph Love. Formados naquele ano, ou na mesma época de estudantes, nomes como Lindolfo Collor, Flores da Cunha, Firmino Paim Filho, Maurício Cardoso, João Neves da Fontoura e Getúlio Vargas passaram, aos poucos, a ocupar o espaço de Borges de Medeiros e da primeira geração de republicanos positivistas. Eles se tornariam intendentes municipais, deputados estaduais e federais, e ocupariam cargos no executivo estadual; quase todos tiveram participação ativa na Revolução Libertadora de 1923 e seriam peças-chaves no movimento que levaria Vargas ao poder em 1930, um período chamado pelo brasilianista Carlos Cortés de "gauchização da política nacional".

Sem poder concorrer a mais um mandato, Borges indicou Getúlio Vargas, então ministro de Washington Luís, como seu sucessor e João Neves para o cargo de vice. O "ditador" via em Vargas um discípulo fiel do Partido Republicano, com perfeito conhecimento das regras do jogo. Além disso, o indicado estivera próximo ao poder central, tinha capacidade administrativa, prudência e energia, além do que, segundo Borges, era dotado de "uma incorruptível moralidade privada e pública", bem como prestígio individual perante a sociedade e as correntes políticas.[4]

Sem oposição, em novembro de 1927, a chapa situacionista foi eleita para comandar o estado nos quatro anos seguintes. Até mesmo os libertadores acreditaram que Vargas era a melhor escolha para os novos desafios da política. A Aliança Libertadora de Assis Brasil limitou-se a recomendar a abstenção nas urnas e desejar publicamente boa sorte ao afilhado de Borges de Medeiros — depois de um século de disputas partidárias, os gaúchos estavam unidos. A "geração de 1907" era mais bem talhada para derrubar as oligarquias do centro do país do que os republicanos históricos — opinião que logo seria compartilhada também em nível nacional.

Baixinho, gorducho e levemente estrábico, Getúlio Dornelles Vargas não era o que se poderia chamar de charmoso e atraente. O poder, no entanto, encanta tanto quanto o dinheiro e a beleza. Para a cientista política Ângela Gomes, Vargas era uma "grande síntese", reunindo em sua personalidade todas as qualidades das maiores figuras históricas brasileiras. "Tudo nele tinha início e tudo, para ele, convergia como fim", definiu.[5] Até mesmo seus adversários políticos viam nele as qualidades de estadista. Chatô, dono dos *Diários Associados*, afirmou certa vez que o Rio Grande do Sul era uma "floresta africana" que só produzia "leões", e Getúlio era a "primeira raposa dos pampas"; perto dele, Maquiavel era um "pinto".[6] "Vargas tinha de Pedro II e de Floriano; de Sarmiento e de Facundo; de Mauá e das forças telúricas do índio ciumento, que olha de través o branco civilizado, como o usurpador de sua roça. É tolerante e intolerante; gosta dos ricos e dos pobres, e, fazendo política socialista, não tem constrangimento de frequentar os ricos e sentar-se à mesa deles, a fim de melhor experimentar a técnica de demoli-los", observou ainda o paraibano, que também fora senador e embaixador brasileiro. Cordeiro de Farias, que trilhara o Brasil na Coluna Prestes e mais tarde seria governador do Rio Grande do Sul e de Pernambuco, além de ministro durante o Regime Militar, em entrevista a Aspásia Camargo e Walder Góes na década de 1980, comparou Vargas ao homem missioneiro: "Introvertido, furtivo, nunca revela seu pensamento exato. Getúlio Vargas [...] era bem desse estilo. Nunca teve, a meu ver, um verdadeiro confidente".[7]

92 A REVOLUÇÃO DE 1930

Nascido na sede da fazenda Triunfo, em São Borja, às margens do rio Uruguai, na fronteira com a Argentina, em 1882, Vargas era filho de Manuel do Nascimento Vargas e Cândida Francisca Dornelles, a Candoca. O pai era militar, veterano da Guerra do Paraguai e pica-pau convicto que alcançara o generalato na Revolução Federalista de 1893-5 e, mais tarde, o cargo de prefeito de São Borja. Em 1911, Vargas se casou com Darcy Sarmanho, filha de um rico estancieiro gaúcho. Uma "pudica açucena missioneira", nas palavras do amigo e companheiro político João Neves. Quando se enamoraram, ele, com 28 anos, era deputado estadual e frequentador assíduo do Clube dos Caçadores, um cabaré luxuoso localizado na rua Andrade Neves, no centro de Porto Alegre, que, além de cassino, oferecia beldades de todas as nacionalidades. Isso, diga-se a verdade, não era uma anormalidade, exceção eram os que não frequentavam; mas, como governador do estado, Vargas passaria a combater os "antros" que corrompiam a moralidade e os bons costumes, incluindo o Caçadores. Darcy tinha apenas 14 anos. Foi preciso esperar que ela completasse 15 para a oficialização do casamento. Como Vargas não tinha apreço algum pelo catolicismo ou mesmo pelo cristianismo, a união foi formalizada apenas no cartório. Só em 1934 o casal oficializaria o matrimônio diante de um padre para atender a mulher e por um "caso de consciência", revelou Vargas ao diário pessoal que mantinha. Quando nasceu o primogênito do casal, Vargas lhe deu o nome de Lutero — homenagem ao líder da Reforma Protestante do século XVI e um "destruidor de ídolos", segundo Thomas Carlyle, autor de *Os heróis*, obra que deixara forte impressão no futuro presidente.

Segundo o jornalista Lira Neto, como orador da turma na Faculdade de Direito, em 1907, Vargas pronunciou um "libelo contra o cristianismo": "A moral cristã é contra a natureza humana", declarou o então jovem advogado. O "cristianismo é inimigo da civilização" e um retrocesso às "grandes conquistas progressivas da humanidade", proclamou. Eram ideias muito próprias do positivismo de Comte e de sua Religião da Humanidade. Mais tarde, o discurso da faculdade seria ocultado. Em um país de imensa maioria católica, não caía bem a um político atacar duramente a crença popular.

Embora não fosse seguidor da religião do pensador francês, na formação de sua personalidade enquanto estudante de direito e depois como político no Rio Grande do Sul, as ideias positivistas marcaram profundamente o futuro presidente. "Como método científico, o positivismo me atrai. Juntamente com meu interesse pelo método vem uma incredulidade como religião. Não compreendo uma religião sem Deus", observou. A visão positivista de mundo, em que a democracia não era bem-vista, deu a Vargas um fundamento de paternalismo, de que os ilustrados teriam o direito — e o dever — de impor às camadas iletradas uma "ditadura científica". Luiz Vergara, que conviveu com Getúlio por duas décadas como chefe de gabinete, secretário e ministro, notou que, como estadista, em Vargas sobressaíam "o instinto de ordem como norma e a ideia de união nacional como roteiro".[8] Mas Vargas não se espelhara apenas em Comte; além do filósofo alemão Friedrich Nietzsche, faziam parte de suas leituras as obras do naturalista britânico Charles Darwin, do liberal Herbert Spencer, do romancista francês Émile Zola e até mesmo do Conde de Saint-Simon, um dos fundadores do socialismo.

Como membro da oligarquia e homem instruído, Vargas não deixava de ser popular e carismático. Mais tarde, já presidente, fazia questão de estar entre a gente simples e não raro se deixava fotografar com populares, geralmente sorrindo. A atenção especial à imagem contribuiu para a construção do mito. Extremamente vaidoso, viajava sempre com uma maleta de couro marrom carregada de apetrechos que o mantinham sempre com a aparência de pós-banho: creme de barbear, loção pós-barba, água-de-colônia e perfume, espelho de mão, navalha, pente, tesoura e lixa de unhas. Aprumado, Vargas começava o dia com o tradicional chimarrão e o trabalho seguia com outra de suas marcas registradas, o indefectível charuto — um "charuto fedorento que mantém o tempo todo na boca, como uma chupeta de bebê", observou um jornalista. Eram pelo menos oito por dia, especialmente das marcas Mil e Uma Noites, Soberano e Poock.

Como uma raposa, ele tinha a capacidade de avaliar inimigos e a paciência necessária para aguardar a hora certa de agir. "Vargas namorava os adversários com uma ternura dom-juanesca", escreveu João Neves em suas memórias. "Não se comportava como ator", observou Vergara, "via tudo como espectador que sabe que a realidade não está toda na decoração do proscênio, mas se estende pelos bastidores e camarins".[9] "Inimigos políticos não são jamais tão inimigos que não possam vir a ser meus amigos", teria afirmado o próprio Vargas. A filha Alzira escreveu em suas memórias: "Sempre me pareceu estranho ouvir, anos mais tarde, dizerem que papai era de índole calma e serena, o homem que sabia esperar. Saber, ele o sabia, mas não gostava. Aprendeu a controlar seu temperamento impaciente, ardoroso, quase intempestivo, nas lides da própria experiência".[10] Foi exatamente assim, como um exímio jogador de xadrez ou, como dizia João Neves, sabendo tirar as meias sem descalçar os sapatos, que ele entrou na disputa pelo poder da política nacional.

A ALIANÇA LIBERAL

Desde 1928, quando ficou claro que o candidato de Washington Luís seria Júlio Prestes, Antônio Carlos de Andrada dera início às articulações para formar uma chapa de oposição que fizesse frente ao nome indicado pelo Catete. O governador mineiro era conhecido pela prudência, polidez e elegância com que tratava assuntos políticos. Era admirado até mesmo por seus adversários como um "espetáculo fulgurante de inteligência, de sutileza e malícia". Em suas memórias, Afonso Arinos de Melo Franco lembrou que a velha raposa mineira tinha a "voz velada" e uma "fina cabeça prateada" com olhos espertos, que carregavam uma "suspeitosa vigilância e infatigável malícia", temperados por um "raio de bondade acolhedora".[11]

Era natural, assim, que Antônio Carlos se aproximasse dos gaúchos, que até então haviam ficado de fora do círculo do poder central, mas contavam agora com novos líderes, ávidos por participar da política nacional como atores principais, e não mais como coadjuvantes. Antônio Carlos não aceitaria a candidatura paulista de modo algum, mas, para não dar a entender que agia em interesse próprio e por ter o orgulho ferido, estava disposto a indicar um candidato rio-grandense à presidência — Borges de Medeiros ou Getúlio Vargas, os gaúchos que se decidissem.

Em 1929, Antônio Carlos encarregou seu secretário do Interior, Francisco Campos, de procurar João Neves — que, além de líder da bancada gaúcha no cenário federal, era então vice-governador do Rio Grande do Sul — para acertar a formação de uma aliança entre os dois estados. Desde o início, João Neves foi um entusiasta da candidatura de Getúlio Vargas ao Catete. Daí ser ele o principal articulador não apenas da aliança com Minas mas também, internamente, do Partido Republicano Rio-Grandense. Da geração de 1907, era indiscutivelmente o melhor orador e um dos mais intelectualizados. Segundo relatou o próprio Antônio Carlos, "ninguém o sobrepujou na segurança da estratégia e na habilidade da tática". Antes de compor com Vargas a chapa vitoriosa nas eleições estaduais de 1927, fora prefeito de sua terra natal, Cachoeira do Sul, deputado estadual e federal, sempre atuando em posição de destaque.

João Neves sabia de antemão que Vargas, como todos os seus antecessores, não se lançaria candidato por iniciativa própria. Nem ele nem qualquer outro líder republicano sob a proteção de Borges de Medeiros. Salvo se "uma força poderosa e estranha, como a de Minas", indicasse um nome gaúcho como solução. Nesse caso, o Rio Grande do Sul não se eximiria da responsabilidade, "sob pena de falhar à sua destinação histórica". Como os mineiros estavam dispostos a pagar para ver, o rio-grandense pôs-se a trabalhar.

Em 17 de junho de 1929, no apartamento 809 do Hotel Glória, no Rio de Janeiro, João Neves e José Bonifácio de Andrada, irmão de Antônio Carlos e líder da bancada mineira no Congresso, acertaram a aliança entre o Rio Grande do Sul e Minas Gerais. Segundo suas memórias, João Neves não teve meios nem tempo de consultar Borges de Medeiros ou Vargas. "Compreendi, porém, num relance, que a possibilidade não se repetiria mais. Era aquele momento ou nunca", lembraria mais tarde.[12] Por precaução, uma cláusula foi acrescentada ao final do documento: o pacto só entraria em vigor depois de aprovado por Borges de Medeiros, que, embora vivesse um autoexílio em Irapuazinho, no Rio Grande do Sul, em sua "humilde cabana", ainda era, para todos os efeitos, chefe do Partido Republicano Rio-Grandense e a voz que muitos ouviam — entre os quais Flores da Cunha e Lindolfo Collor, dois expoentes da política gaúcha.

Borges de Medeiros decepcionara a geração de 1907 ao se posicionar contra a Revolução de 1922, cujo ideal encantava muitos dos jovens republicanos. "Para a desordem civil não contribuirá o Rio Grande do Sul", dizia a proclamação oficial emitida por ocasião do levante dos Dezoito do Forte, escrita por Lindolfo Collor a pedido de Borges, que meses antes se posicionara contra o nome de Artur Bernardes, homem que os revoltos queriam derrubar. "Dentro da ordem sempre; nunca pela desordem, parta de onde partir, tenda para onde tender.

Este é o nosso lema, supremo e irretocável", encerrava o texto que resumia o pensamento borgista, herdeiro ideológico da fé positivista de Júlio de Castilhos. Para muitos, a cautela pareceu covardia e uma mácula na imagem briosa que os gaúchos faziam questão de sustentar. A nova geração, principalmente João Neves, sustentava que o Rio Grande do Sul não ficaria de joelhos diante do poder central mais uma vez. Vargas precisava se posicionar publicamente. Mas como lhe era característico, tal qual um exímio enxadrista, ele hesitava em mover uma peça do tabuleiro antes de estudar muito bem todas as possibilidades. E, enquanto João Neves tramava com os mineiros, Vargas escrevia cartas jurando fidelidade a Washington Luís e enviava Oswaldo Aranha para consultar Borges de Medeiros.

Para espanto de João Neves — e de Assis Chateaubriand, que colocara todos os seus jornais à disposição da candidatura do gaúcho —, Vargas não tomava posição e seguia com respostas evasivas. "Estou profundamente impressionado com tua vacilação", confidenciou ele a Getúlio.[13] Quando afinal Borges deu seu aval, solicitou apenas que Rio Grande do Sul e Minas Gerais sugerissem a Washington Luís uma convenção nacional que legitimasse o candidato em nome da unidade e da conciliação — o que, claro, nunca foi feito; seria suicídio, alertou João Neves. Ainda relutante, em 11 de julho, Vargas finalmente aceitou a aliança com Minas e, por carta, comunicou o presidente.

Restava definir o vice-presidente. Antônio Carlos via a necessidade de reunir forças regionais não ligadas ao café ou a toda e qualquer força dissidente ou descontente — incluindo os tenentes revoltosos. Vargas, que era chamado em Minas de "mineiro com botas", precisava encontrar um nome forte e respeitado, de preferência no Nordeste. Sem poder contar com Bahia e Pernambuco, aliados de Washington Luís, a escolha recaiu sobre João Pessoa, governador da Paraíba tido como administrador eficiente e austero e, além do mais, sobrinho predileto do ex-presidente da República Epitácio Pessoa. Mais uma vez, João Neves e José Bonifácio articularam as tratativas. Consultado na Europa, onde estava a serviço da Corte Internacional de Haia, Epitácio Pessoa consentiu e Antônio Carlos formalizou o convite. Em 30 de julho, Vargas tomou conhecimento que seu vice seria João Pessoa. Em Belo Horizonte, o Partido Republicano Mineiro confirmou o apoio à chapa. Três dias depois, lideranças dos três estados aliancistas se reuniram no Rio de Janeiro para estabelecer as metas da campanha e as propostas que seriam apresentadas ao povo.

A chapa Getúlio Vargas-João Pessoa foi nomeada Aliança Liberal. Perguntado por um repórter sobre o nome, João Neves disparou: "O batismo veio do povo, e o povo sabe o que faz". Segundo as historiadoras Lilia Schwarcz e Heloisa Starling, porém, "liberal significava um modo novo de pensar o Brasil".[14] Exprimia a ideia de modernização, de industrialização, de incorporação de novos setores na vida republicana e indicava a disposição do grupo em enfrentar os problemas sociais do país. Pelo menos em teoria.

Embora composta de oligarquias regionais e apoiadores como o ex-presidente Artur Bernardes, a Aliança Liberal contava com membros progressistas, o que agradava a classe média urbana, um dos motivos pelos quais o grupo recebeu apoio de parte do Partido Democrático de São Paulo e de nomes como o deputado Maurício de Lacerda, jornalista envolvido com os movimentos operários e simpático às ideias da Revolução Russa. Os aliancistas esperavam, dessa forma, alcançar todos os descontentes com a "República dos Fazendeiros". A pequena burguesia fora excluída do poder no governo de Prudente de Morais, quando a elite latifundiária do país assumiu a liderança da política nacional — institucionalizada depois no governo de Campos Sales. O movimento operário era pouco expressivo, já que havia sido duramente reprimido ao longo da década de 1920. De uma população de 1,5 milhão de trabalhadores, apenas 100 mil eram sindicalizados, 40% deles no Rio de Janeiro. Washington Luís acreditava que a questão social era "caso de polícia" e o Partido Comunista do Brasil, após breve período de atuação, entre janeiro e agosto de 1927, foi posto novamente na ilegalidade — o partido vivia na clandestinidade desde sua fundação, em 1922, quando teve permissão para atuar por quatro meses naquele ano.

Antes de ser lançado oficialmente pela Aliança Liberal, Vargas havia solicitado a Washington Luís que consultasse os governadores dos vinte estados sobre seu nome. Flores da Cunha, próximo do presidente, levou o pedido ao Rio de Janeiro. Usando os líderes estaduais no Congresso, no entanto, Washington Luís não consultou os outros governadores sobre Vargas, mas sobre Júlio Prestes. Como esperado, com exceção do Rio Grande do Sul, de Minas Gerais e da Paraíba, todos eram a favor da candidatura paulista.

Enquanto João Neves fazia o possível para alavancar a candidatura de Vargas, o próprio fazia de tudo para pular fora. Tal como escrevera a Washington Luís, fazia questão de dizer que fora Minas que o indicara e Borges de Medeiros quem aceitara seu nome; ele apenas concordara, na condição de soldado disciplinado do partido. Vargas permitira até que Paim Filho, então senador e secretário da Fazenda do Rio Grande do Sul, mantivesse contato com o presidente na tentativa de encontrar uma saída honrosa para uma situação que acreditava ser desagradável para ambos. O contato entre Washington Luís e Getúlio Vargas se manteve durante toda a campanha, e um acordo foi firmado entre os dois: o aliancista se empenharia em não sair do Rio Grande do Sul em campanha eleitoral e se submeteria aos resultados das urnas; em troca, o governo federal não se intrometeria na política gaúcha e legitimaria todos os candidatos eleitos para o Congresso Nacional pelo Rio Grande do Sul.[15] Tudo foi feito de tal modo que, a certa altura, um Flores da Cunha surpreso e decepcionado cobrou uma posição de Oswaldo Aranha, que nessa época já estudava meios de conseguir dinheiro para a compra de armamentos na Europa com vistas a uma revolta armada. Afinal, inquiria Flores da Cunha, o que pretendia Vargas, a desonra do Rio Grande?

Nesse ínterim, enquanto Getúlio fazia jogo duplo, até os antigos adversários, reunidos em convenção, haviam decidido prestar apoio ao candidato aliancista. Em nome das causas defendidas e para "quebrar o despotismo presidencial", o Partido Libertador e Assis Brasil dariam voto a Vargas. Inimigos históricos, maragatos e chimangos eram, agora, inacreditavelmente, aliados. "Respeitaremos os votos, não as fraudes", disparou Assis Brasil.

AS ELEIÇÕES DE 1930

Em 20 de setembro de 1929, ao mesmo tempo que Vargas promovia uma parada cívica em Porto Alegre em homenagem à República de Piratini e aos heróis da Revolução Farroupilha (1835–45), reunidos no Rio de Janeiro, os aliancistas realizavam a Convenção Liberal. A candidatura Getúlio Vargas-João Pessoa foi homologada e uma comissão executiva foi organizada a fim de coordenar as ações da campanha. Dessa comissão, faziam parte os mineiros Afonso Pena Júnior e Odilon Braga e o gaúcho Ildefonso Simões Lopes. Como Antônio Carlos declarara, "até 1º de março, Minas lidera a campanha; depois de 1º de março, o comando passa ao Rio Grande". Anos mais tarde, João Neves escreveu em seu livro de memórias que, quatro dias antes, Vargas estava propenso a desistir da candidatura se Washington Luís aceitasse o programa da Aliança Liberal. O medo de receber a pecha de covarde e manchar o nome de seu estado o impediram.

Depois da convenção, João Neves partiu para Minas Gerais com o objetivo de amenizar os problemas causados por um racha entre os republicanos mineiros: Fernando de Melo Viana, então vice-presidente da República, anunciara o rompimento com o Partido Republicano Mineiro e com a Aliança Liberal, dando apoio à candidatura de Júlio Prestes.

Enquanto isso, no Rio de Janeiro, a maioria governista conseguia esvaziar a Câmara dos Deputados, impedindo, com isso, que os deputados de oposição se manifestassem na tribuna. Os parlamentares da Aliança Liberal, então, promoveram comícios e manifestações nas escadarias do lado de fora do palácio Tiradentes. Os governistas, por sua vez, passaram a financiar a ação de arruaceiros como Bexiguinha. Com anuência da polícia, o malandro e seu bando conseguiram causar tumulto e desordem. Em certa oportunidade, Flores da Cunha desceu as escadarias de revólver em punho, dando tiros para cima. Com ânimos acirrados, Manuel Francisco de Souza Filho se envolveu em uma briga com Simões Lopes e o filho deste, Luís. Interpelado com um punhal, Simões Lopes matou a tiros o deputado pernambucano.

Washington Luís, por sua vez, passara a represália aos funcionários federais que aderiram à causa aliancista — foram todos demitidos ou removidos para lugares distantes. O presidente preparou também um esquema militar com São Paulo, que envolvia a compra de armas na França e a instalação de postos militares no Paraná e em Florianópolis. O objetivo era, se preciso, "isolar o Rio Grande do Sul e esmagar Minas".[16]

Em meio à campanha eleitoral, em outubro, o crash da Bolsa de Nova York instaurou uma crise econômica internacional. No Brasil, os cafeicultores paulistas foram os principais atingidos. Quando assumiu a presidência, Washington Luís dera início a uma reforma monetária visando restringir as emissões de papel-moeda e fixar o câmbio, normatizar a balança comercial e regularizar a dívida pública. Com a queda da Bolsa, a depreciação da moeda nacional consumiu rapidamente as reservas de ouro. A superprodução do café vinha, desde algum tempo, causando dificuldades ao governo porque, sem conseguirem negociar o produto por um preço aceitável no mercado internacional, os produtores recorriam ao Estado, que, por meio de empréstimos, comprava o excedente a fim de estocar a produção em armazéns e, assim, garantir a estabilidade do valor das sacas — no porto de Santos, os armazéns abarrotados eram chamados de "cemitérios de café". Havia cerca de 14 milhões de sacas estocadas e outras 25 milhões eram aguardadas na nova safra. O governo paulista não tinha dinheiro disponível para comprá-las e recorreu ao Catete. Mesmo com o risco de perder a base de sustentação governista e prejudicar a candidatura de Júlio Prestes, Washington Luís precisou negar apoio aos cafeicultores sob pena de ver seu plano de estabilidade cambial destruído — o que, de fato, acabou acontecendo. Assis Chateaubriand não perdeu a oportunidade de ridicularizar o governo: "Deu broca na candidatura Júlio Prestes". A "prepotência do candidato oficial", afirmou ele nas páginas de *O Jornal*, seria derrubada pelo "general café", "o primeiro inimigo da ordem constituída", e não pelo general Flores da Cunha — que, segundo a imprensa da capital, prometera amarrar o cavalo no obelisco da avenida Rio Branco.

Depois de ter protelado inúmeras vezes a viagem, no fim de dezembro, Vargas finalmente chegou ao Rio de Janeiro para a leitura de sua plataforma de governo. Desembarcou de um hidroavião da Varig próximo à praça Mauá e, por todas as ruas por onde passou, foi entusiasticamente festejado. No dia 2 de janeiro de 1930, mais de 100 mil pessoas se aglomeraram na esplanada do Castelo para ouvi-lo ler as mais de trinta páginas de seu plano de governo. Ele não era um grande orador; embora lesse corretamente, tinha a voz monocórdica e anasalada, fazia longas pausas e não usava gestos ou flexões — além do mais, parecia "tão pequenino, tão rechonchudo", notou um observador.

O candidato defendeu a concessão de direitos sociais aos trabalhadores, garantia às liberdades individuais, o fim das leis de exceção, anistia aos tenentes e militares envolvidos nas revoltas entre 1922 e 1927, e reforma eleitoral tendo como base o voto secreto — embora, em paralelo, também prometesse o reaparelhamento do Exército e o controle e vigilância do Estado sobre os sindicatos. Pregou a necessidade de povoamento da Amazônia, o combate à seca no Nordeste e à inflação, uma reforma fiscal e burocrática que fiscalizasse a qualidade dos serviços públicos. "O programa é mais do povo do que do candidato", dizia o texto. E o povo reunido, quase em "orgia cívica", gostou do que ouviu. Os jornais que davam apoio a Júlio Prestes, porém, viram na plataforma da oposição algo irreal, escrito por alguém despreparado e sem noção da realidade. O prometido, segundo alguns, levaria "um século" para ser cumprido. Além do mais, conforme outros, parte do anunciado era projeto governista.

Para o historiador Daniel de Medeiros, a Aliança Liberal não passou de um "travesti histórico". "Minas, acostumada ao poder e aos meios tortuosos que levam a ele [...] traveste-se de liberal democrata, defensora do fim de tantas fraudes que auxiliou a cometer", observou. Edgard Carone, estudioso das revoluções brasileiras, resumiu bem a que se prestava a plataforma aliancista: "anódina e imprecisa, solução superficial que tudo abrange e a todos procura contentar".[17] Mais de duas décadas depois dos eventos, o deputado mineiro Afonso Arinos de Melo Franco observou que, na verdade, a Aliança Liberal fora a última tentativa dos políticos para conter, dentro da legalidade, o ímpeto revolucionário, o que Washington Luís se recusou a entender.[18]

Depois do comício, para espanto dos correligionários de Vargas, a agenda do candidato na capital incluiu um encontro reservado com Washington Luís no Catete. Pareceu, aos mais próximos, que a "missão Paim", de fato, havia articulado um acordo secreto entre os dois. Apenas formalidade protocolar, Vargas garantiu. Ainda no Rio, no Hotel Glória, onde estava hospedado, Getúlio recebeu a visita de um vidente armênio: "O senhor será presidente do Brasil pela força das armas", profetizou.[19]

Mesmo desrespeitando o combinado com o presidente, não sair em campanha pelo Brasil, a caminho de seu retorno ao Sul, Vargas fez visitas a São Paulo e Santos para agradar os aliados do Partido Democrático. João Neves observou que as manifestações assumiram um caráter "semirrevolucionário". Nos dois meses seguintes, porém, a chamada Caravana Liberal percorreria, sem Vargas, todos os estados do Norte e do Nordeste. Foi por essa época que, em um comício em Juiz de Fora, Minas Gerais, o governador Antônio Carlos teria pronunciado a célebre frase que passaria para a história: "Façamos a revolução antes que o povo a faça". Não há registro de que ele, de fato, tenha dito algo semelhante — embora ele nunca tenha negado a autoria.[20]

Com a proximidade da eleição, o país parecia realmente rumar para uma revolução. Em fevereiro, o vice de Washington Luís, Melo Viana, e o diretor do Banco do Brasil e da Concentração Conservadora (grupo criado para apoiar a candidatura de Júlio Prestes), Manuel Tomás de Carvalho Brito, se envolveram em uma troca de tiros com partidários aliancistas em Montes Claros, Minas Gerais. Pelo menos cinco pessoas morreram na hora, e o próprio Melo Viana foi ferido. Na Paraíba, José Pereira Lima deu início a um levante em Princesa, colocando em xeque o governo de João Pessoa e o estado, em uma guerra civil.

No dia 1º de março de 1930, um sábado de Carnaval, mais de 1,9 milhão de brasileiros, menos de 6% da população do país, compareceram às urnas para eleger o novo presidente da República. Nas ruas, porém, o povo só tinha uma coisa na cabeça: a nova marchinha lançada pela gravadora Victor, "Pra você gostar de mim": "Taí!/ Eu fiz tudo pra você gostar de mim/ Oh, meu bem, não faz assim comigo, não/ Você tem, você tem que me dar seu coração". Com letra de Joubert de Carvalho, orquestrada por Pixinguinha e com voz de Carmen Miranda, a música teve sucesso imediato e estrondoso.

No campo político, como esperado, Júlio Prestes, que tinha como vice o baiano Vital Soares, saiu-se vencedor, com 1.091.709 votos — primeiro político brasileiro a ultrapassar a marca de 1 milhão de sufrágios. Vargas obteve 742.794 votos. Embora a Aliança Liberal prometesse medidas importantes e inovadoras, acabou sendo derrotada pela máquina do candidato governista, em uma eleição que esteve longe de ser confiável — para ambos os lados envolvidos. Em Minas, apenas 280 mil mineiros confirmaram voto em Vargas, bem aquém dos 350 mil prometidos por Antônio Carlos na campanha. No Rio Grande do Sul, o candidato aliancista venceu com esmagadora maioria, pouco mais de 298 mil votos contra míseros 982 conferidos a Júlio Prestes. Em São Paulo, no entanto, a diferença a favor do governador do estado foi superior a 290 mil. Na terra de João Pessoa, a diferença pró-Aliança Liberal foi de menos de 20 mil votos. Na capital federal, a disputa foi mais apertada: 30 mil votos para Vargas contra 32 mil para o candidato governista. Nos demais estados, vitória da situação sem maiores surpresas.

Dez dias depois, o candidato derrotado lamentou o fracasso na votação mineira, a jactância de Antônio Carlos e o fato de ter lutado por interesses alheios aos do Rio Grande do Sul. "Não temos mais compromissos nem devemos assumi-los", afirmou. Uma semana depois, em entrevista ao jornal *A Noite*, Borges de Medeiros dava o assunto por encerrado e assegurava a vitória do político paulista, "com franqueza e lealdade".[21] Em matéria de capa, o periódico carioca estampou o compromisso assumido pelo prócer rio-grandense com o Brasil: "O povo gaúcho não dará um só passo para derrubar a ordem do país".

NOTAS

1 | Hemeroteca da BN, *Correio da Manhã* dos dias 5, 8 e 12 mai 1928.

2 | Lilia Schwarcz e Heloisa Starling, *Brasil: uma biografia*, p. 352; Gilberto Amado, *Depois da política*, p. 3; Hélio Silva e Maria Cecília Carneiro, "Washington Luís", *Os presidentes*, p. 24.

3 | Leda Maria Cardoso Naud, "Estado de sítio", *Revista de Informação Legislativa*.

4 | João Neves da Fontoura, *Memórias*, vol.1, pp. 384-5.

5 | Ângela Gomes, "Vargas exemplar", *História do Brasil para ocupados*, p. 457.

6 | Lira Neto, *Getúlio (1882-1930)*, p. 23.

7 | Aspásia Camargo e Walder de Góes, *Meio século de combate*, p. 61.

8 | Luiz Vergara, *Fui secretário de Getúlio Vargas*, p. 237.

9 | Luiz Vergara, *Fui secretário de Getúlio Vargas*, p. 234.

10 | Ricardo Seitenfus, *O Brasil de Getúlio Vargas*, p. 35; Alzira Vargas, *Getúlio Vargas, meu pai*, p. 27.

11 | Lígia Pereira e Maria de Faria, *Presidente Antônio Carlos*, p. 519.

12 | João Neves da Fontoura, *Memórias*, vol.1, p. 176.

13 | Lira Neto, *Getúlio (1882-1930)*, p. 311.

14 | Lígia Pereira e Maria de Faria, *Presidente Antônio Carlos*, p. 390; Lilia Schwarcz e Heloisa Starling, *Brasil: uma biografia*, p. 354.

15 | Ricardo Seitenfus, *O Brasil de Getúlio Vargas*, pp. 20-1.

16 | João Neves da Fontoura, *Memórias*, vol.2, p. 171.

17 | Daniel de Medeiros, *1930, A revolução disfarçada*, p. 28; Edgard Carone, *Revoluções do Brasil contemporâneo*, p. 67.

18 | Afonso Arinos de Melo Franco, *Um estadista da República*, p. 989.

19 | Rubens Araujo, *Os Vargas*, p. 82.

20 | Lígia Pereira e Maria de Faria, *Presidente Antônio Carlos*, p. 339.

21 | Hemeroteca da BN, *A Noite*, 19 mar 1930, p. 1.

5.
A REVOLUÇÃO LIBERAL (1930)

Recife, 26 de julho de 1930. O governador da Paraíba chegara pela manhã à capital pernambucana. João Pessoa viera receber pessoalmente um carregamento de armas enviado por Porto Alegre e queria ter certeza de que nada atrapalharia o desembarque. Como despiste, agendou um encontro com o juiz Cunha Melo, um velho amigo. Uma das versões alegou, porém, que, além dos apetrechos militares, o navio trazia uma "linda e famosa cantora", a soprano Cristina Maristany, real motivo da visita. Embora fosse uma visita não oficial, tratada com total discrição, os jornais haviam anunciado a viagem do ex-candidato à presidência.

Por ironia do destino, o paraibano João Dantas, que viera de Olinda, onde estava escondido, ficara sabendo da notícia no meio do caminho, enquanto um passageiro do bonde lia o jornal governista *A União*. Para infelicidade dele, o periódico continuava a repercutir seu relacionamento com a jovem professora e poeta Anaíde Beiriz. Havia uma semana, Dantas e a moça vinham passando momentos difíceis. A polícia da Paraíba vasculhara o apartamento do advogado — que ficava a poucos metros do palácio do governo — à procura de provas de seu envolvimento com José Pereira, que comandava um movimento armado contra o governo de João Pessoa. Além de livros e documentos relativos ao movimento, que confirmavam as suspeitas de que Dantas era um espião do governo federal, a polícia encontrara e confiscara cartas e um pequeno livro de anotações que revelava seu tórrido caso de amor com Beiriz. Em nome do "decoro público", o jornal paraibano não publicou em detalhes as anotações, mas chamou Dantas de "pervertido" e deixou claro que elas estavam disponíveis ao exame público na delegacia de polícia para onde o material fora enviado.

Ao saber que João Pessoa estaria em Recife, Dantas decidiu vingar a ofensa e lavar sua honra com sangue. E, tão logo chegou à cidade, saiu à procura de seu desafeto. O governador, por sua vez, visitou amigos, encontrou-se com Cunha Melo, fez uma visita às redações dos jornais *Diário de Recife* e *Diário da Manhã*, foi até o famoso fotógrafo Preuss para um "retrato" e passou pela relojoaria Krause, onde comprou joias. Ao chegar à Confeitaria Glória, na rua Nova, foi cercado por amigos e sentou-se à mesa para um chá. Depois de uma busca tresloucada por vários pontos tradicionais da cidade, às 17h30, Dantas encontrou João Pessoa, sacou um revólver e disparou cinco vezes, quase à queima-roupa. O governador não teve tempo para reagir; uma bala atingiu o estômago, duas perfuraram o pulmão e outra acertou o punho direito. Levado à Drogaria Brasil, João Pessoa morreu sobre o balcão cinco minutos depois. Dantas mal pôde se mexer, foi baleado pelo chofer que acompanhava o governador e imediatamente imobilizado pelos presentes.[1]

112 A REVOLUÇÃO DE 1930

JOÃO PESSOA E A GUERRA CIVIL NA PARAÍBA

Paraibano de Umbuzeiro, João Pessoa Cavalcanti de Albuquerque estudou na Escola Militar da Praia Vermelha, no Rio de Janeiro. A carreira militar, porém, foi curta. De volta ao Nordeste, matriculou-se na Faculdade de Direito de Recife, onde já trabalhava como amanuense. Formado, atuou tanto na Paraíba como em Pernambuco até ser designado auditor da Marinha, na capital federal. Pouco depois, por indicação do "tio Pita" (Epitácio Pessoa), então presidente, foi nomeado ministro do Superior Tribunal Militar. Em 1928, sem qualquer experiência política, foi indicado ao governo do estado pelo Partido Republicano da Paraíba, controlado por Epitácio e por isso chamado de Partido Epitacista. Venceu como candidato único, sem oposição. Tinha 50 anos de idade.

João Pessoa tinha fama de moralista e homem sério. Tal como Getúlio Vargas, era produto da oligarquia dominante, combatia a jogatina e garantira a posse de prefeitos oposicionistas em cidades do interior. Vinha fazendo reformas importantes no sistema estadual, cortando despesas, demitindo pessoal excedente, extinguindo secretarias que funcionavam como cabide de emprego para partidários e impedindo a reeleição indefinida dos líderes municipais. "A grita está sendo e há de ser enorme", escreveu Epitácio Pessoa ao sobrinho. "Convém, todavia, não exagerar no rigor. Não se extirpam num instante hábitos enraizados desde muitos anos", aconselhou o ex-presidente.[2]

Assim, ao contrário do Rio Grande do Sul, que se unira em torno do nome de Vargas, a Paraíba, se não estava dividida, não tinha a mesma harmonia. Como em março de 1930, além da disputa presidencial, haveria eleições para a Câmara dos Deputados e a renovação de um terço do Senado, João Pessoa defendia uma renovação total da bancada paraibana.

A REVOLUÇÃO LIBERAL (1930)

A ideia era afastar o ex-governador e deputado federal João Suassuna, importante aliado das poderosas famílias do interior do estado que eram contrárias às reformas do governo de Pessoa e haviam se aproximado de Washington Luís. Um dos dissidentes era José Pereira, chefe político da cidade de Princesa que, depois de prometer apoiar os aliancistas, passara repentinamente a defender a candidatura de Júlio Prestes. Alegou que não concordava como se procedera à escolha dos candidatos e que seu nome fora caluniado — o que foi negado tanto por João Pessoa quanto pela comissão executiva do partido.

Enquanto rompia com o governador, José Pereira se armava e reunia 2 mil jagunços e cangaceiros. Em 28 de fevereiro, às vésperas da eleição presidencial, Princesa estava em poder dos rebeldes. O governo da Paraíba declarou a cidade "fora da lei" e enviou tropas da polícia estadual. Em março, teve início uma luta armada. João Pessoa avisou Washington Luís dos fatos, mas o presidente deu de ombros. Era o próprio governo federal que secretamente municiava as tropas rebeldes enquanto negava auxílio ao governador. Em junho, Princesa se declarou independente da Paraíba e proclamou o "Território Livre de Princesa", com direito até a hino.

Sem apoio federal para debelar a rebelião, que já contava com o apoio de estados vizinhos, João Pessoa pediu auxílio aos aliados do Sul. Oswaldo Aranha, já decidido a derrubar o presidente pela força das armas, despachou de Porto Alegre quase 100 mil cartuchos escondidos dentro de latas de doce em compota, barris de sebo e fardos de charque. Era esse carregamento gaúcho que João Pessoa fora receber em Recife no trágico dia 26 de julho. Apenas com o assassinato do governador e a repercussão negativa da opinião pública brasileira, alimentada pela propaganda aliancista, Washington Luís tomou medidas drásticas e pôs fim ao levante de Princesa.

Pacificada, a Paraíba adotou sua bandeira atual. A recusa de João Pessoa em apoiar a candidatura paulista ficaria eternizada na flâmula rubro-negra. "Nego", do verbo "negar" na primeira pessoa do presente do indicativo, foi estampado em letras brancas sobre a cor vermelha, a cor do sangue e da Aliança Liberal. A capital paraibana, então Parahyba, passou a se chamar João Pessoa. Quanto a João Dantas, embora tenha supostamente escrito um bilhete de suicídio, é muito provável que tenha sido assassinado na cadeia — apenas três dias após Vargas ter dado início ao levante contra Washington Luís.

A ALMA DA CONSPIRAÇÃO

Desde a campanha eleitoral, iniciada em 1929, os aliancistas tinham em mente a ideia de que, se fossem derrotados nas urnas — o que era muito provável —, seria necessário usar de força militar para derrubar o presidente atual e impedir a posse do eleito. Siqueira Campos e Luiz Carlos Prestes eram os nomes mais cotados para liderar um movimento armado contra Washington Luís.

Prestes, então exilado em Buenos Aires, havia meses mantinha contato com membros da Aliança Liberal. O capitão agradava aos líderes civis e contava com a admiração de muitos setores dentro do Exército — tinha prestígio, experiência, preparo, força de vontade e inteligência. Em pelo menos dois encontros secretos com Vargas, em Porto Alegre, ele acordara o recebimento de uma significativa quantia em dinheiro para a compra de armamento no país vizinho. O que o governador gaúcho não imaginava era que Prestes já flertava com o movimento comunista e, assim como ele, fazia jogo duplo. Em março, depois de receber 80 mil dólares — pagamento expedido pelo Banco do Rio Grande do Sul para

Enrique Pais & Cia., uma empresa de fachada no Uruguai —, Prestes cobrou de Oswaldo Aranha o envio da outra parte do dinheiro, sem a qual, afirmava ele, não poderia cumprir o combinado. Em maio, decidido a romper com o passado e a lançar um manifesto de inspiração marxista, Prestes convocou João Alberto e Siqueira Campos para uma conferência na capital portenha. A revolução pretendida pela Aliança Liberal, com um programa anódino, explicou ele aos antigos companheiros de Coluna, seria uma simples troca de oligarquias no poder. Dessa forma, ele não tomaria o partido de Vargas. Sem o demover de sua posição, João Alberto e Siqueira Campos conseguiram ao menos que Prestes não divulgasse o manifesto até que o movimento oposicionista ao governo federal fosse deflagrado.

Após a reunião, porém, quando retornavam para o Brasil, no dia 10 de maio, o avião monomotor *Laté 28*, que transportava os dois, caiu no rio da Prata. João Alberto conseguiu chegar vivo a uma praia, mas Siqueira Campos morreu afogado. Em um último esforço para atrair antigos aliados, Prestes contatou também Juarez Távora e Isidoro Dias. Ambos rechaçaram qualquer aproximação com as ideias expostas. Ainda assim, no fim do mês, Prestes tornou público seu novo credo — e, com o chamado Manifesto de Maio, tornou-se um renegado. Quando os aliancistas cobraram as armas ou o dinheiro, Prestes, apelidado de Cavaleiro da Esperança, afirmou que doara tudo ao movimento comunista — embora, nas décadas seguintes, tenha afirmado veementemente, apesar de uma série de provas em contrário, que nunca recebeu qualquer dinheiro.[3]

Nesse meio-tempo, o Congresso reiniciou os trabalhos, e a Comissão de Verificação de Poderes atuou como Washington Luís ordenara. Todos os deputados paraibanos aliancistas foram "degolados". Da bancada mineira, dos 37 deputados eleitos, catorze não foram diplomados — seus lugares foram ocupados pelos candidatos da Concentração Conservadora, que dera apoio ao candidato governista. Conforme o acordo previamente firmado com Vargas, Washington Luís permitiu que todos os candidatos gaúchos eleitos fossem diplomados. Em 22 de maio, o Congresso confirmou os resultados da eleição de março e declarou Júlio Prestes presidente brasileiro, a tomar posse dali a oito meses, em 15 de novembro.

No dia 1º de junho, Vargas dirigiu um manifesto à nação, publicado em todos os jornais do país. Getúlio criticava o corrupto sistema de votação e escrutínio, aceitava a decisão do Congresso, mas afirmava que caberia "ao povo manifestar" se estava ou não de acordo com o encerramento do processo eleitoral.[4] Como de costume, o texto esmerava-se na ambiguidade e não deixava claras suas intenções.

No fim do mês, sem ter certeza do posicionamento de Vargas e sem apoio oficial por parte de Borges de Medeiros, Antônio Carlos se mostrava preocupado. Desde o fim de março, porém, a ala aliancista mais radical conspirava e se articulava, desejando ir às últimas consequências com uma "Revolução Liberal". Oswaldo Aranha enviou seu irmão como emissário a Minas Gerais e à Paraíba para discutir os termos do acordo e a divisão das despesas com a compra de armamento. O governador mineiro, no entanto, relutou em seguir adiante. Vacilante, sugeriu transformar a revolução em ação parlamentar. "Vocês estão envolvendo Minas em uma aventura louca", afirmou. Para Oswaldo Aranha, todavia, era tarde demais para recuar. A ação do Congresso no mês anterior deixava claro que não era possível barganhar com o governo federal. De qualquer forma, em setembro, o novo governador mineiro tomou posse. E Olegário Maciel confirmou o apoio de Minas Gerais ao movimento.

Para despistar o governo federal e agir com mais liberdade, sem envolver Vargas diretamente na tramoia, Oswaldo

Aranha pediu demissão da secretaria do Interior. A notícia da saída do principal articulista da revolução do governo gaúcho fez Washington Luís acreditar que os conspiradores estavam divididos. Na verdade, Aranha agora podia agir longe dos holofotes, acelerar os entendimentos e acertar os ponteiros para um levante armado.

Oswaldo Aranha tinha então 36 anos. Nascido em Alegrete, era filho de uma rica e influente família de estancieiros. Estudou na Escola Militar do Realengo, no Rio de Janeiro, e direito na Faculdade de Ciências Jurídicas e Sociais, na mesma cidade. Estava estudando em Paris quando a Primeira Guerra Mundial eclodiu. Amigo de Vargas desde o tempo em que advogava, militou desde cedo no partido de Borges de Medeiros — chegou mesmo a pegar em armas contra os maragatos durante a Revolução de 1923 e também contra o movimento tenentista em 1924. Em 1926, ferido em combate durante o levante de uma guarnição militar em Santa Maria, quase perdeu o pé, sendo obrigado a usar, pelo resto da vida, sapatos especiais. Foi eleito deputado estadual e federal antes de assumir como secretário estadual no governo de Vargas. Segundo João Neves, "em Aranha, os predicados de liderança saltavam à vista". Tinha talento, bravura, flexibilidade, argúcia, imaginação, o dom da oratória e a incrível capacidade de recrutar adeptos. O secretário particular de Vargas, Luiz Vergara, o descreveu como alguém dotado de "uma inteligência não comum e um poder de atração pessoal irresistível". O historiador Walter Spalding afirmou que o "meio campeiro deu-lhe a ênfase do homem livre e o destemor do gaúcho". Tancredo Neves lhe encheu de adjetivos: nobreza, cavalheirismo, bravura, lealdade e generosidade, de personalidade de "abrangente universalidade". Por fim, Cordeiro de Farias o chamou de "a alma da conspiração".[5]

Em julho, no mesmo dia em que João Pessoa era assassinado em Recife, na capital gaúcha, os aliancistas promoviam um jantar em homenagem a Oswaldo Aranha — dando crédito aos rumores de desavenças no governo gaúcho, Vargas não compareceu. A notícia do assassinato caiu feito uma bomba no salão do Clube do Comércio, onde era realizado o banquete. A Aliança Liberal tinha agora um mártir por quem lutar. Ao povo reunido na praça da Alfândega, Aranha prometeu, "mais hoje, mais amanhã", vingar a morte de João Pessoa. João Neves garantia, sem medir as palavras: "Já que outros não podem manter a ordem republicana, frente aos desmandos do Catete, a nós, rio-grandenses, cabe fazê-lo".[6] A revolução estava em marcha acelerada.

Nesse meio-tempo, Prestes criou a Liga de Ação Revolucionária, um "movimento emancipador das massas oprimidas do Brasil" — de poucas adesões e vida breve, que ele mesmo consideraria, mais tarde, um "erro político". O Partido Comunista do Brasil reagiu acusando-o de defender os interesses da "burguesia feudal" do país. O jornal carioca *A Classe Operária*, "de trabalhadores, feito por trabalhadores, para trabalhadores", denunciou: "Luiz Carlos Prestes é o adversário mais perigoso do Partido Comunista". E foi além: os comunistas deveriam "combater não só as concepções dele, Prestes, mas também, com redobrada energia, todos os prestistas que existem em seu meio".[7] O Cavaleiro da Esperança não passava, na visão do Partido Comunista do Brasil, de "mais um general golpista", um "perigoso caudilho".

Desde antes da eleição, Oswaldo Aranha vinha articulando a compra de armas e munições. Em outubro de 1929, então como secretário do Interior do Rio Grande do Sul, ele comprou 5 milhões de cartuchos para fuzis e metralhadoras do Canadá. Para evitar suspeitas, o carregamento chegou ao estado via porto de Montevidéu, no Uruguai, e o pagamento de 250 mil dólares foi realizado através do Banco de Montreal. O contrato com os canadenses previa ainda a entrega de 2,5 milhões de cartuchos mensais ao governo gaúcho, conforme as necessidades e as condições de pagamento. As maquinações, no entanto, se acentuaram após a derrota eleitoral, em março de 1930. Em abril, ele encomendou 1,6 milhão de dólares em material bélico da Tchecoslováquia. Mas o problema agora era outro. Com Siqueira Campos morto e tendo Prestes aderido ao comunismo, além do armamento, era preciso encontrar outro líder militar.

O LÍDER MILITAR

O tenente-coronel Estevão Leitão de Carvalho, comandante do Oitavo Regimento de Infantaria de Passo Fundo, foi insistentemente convidado a liderar o braço militar do movimento que derrubaria o presidente Washington Luís. Até dias antes de deflagrado o levante, Vargas tentaria, por intermédio de Virgílio de Melo Franco, encontrar apoio no militar alagoano. Legalista convicto — "fiel ao meu dever de soldado, obediente às leis e autoridade legalmente constituída" —, Leitão de Carvalho refutou todos os convites e só não denunciou o complô em deferência ao pai de Melo Franco, de quem fora assistente na Europa.[8] Outro nome aventado foi o do coronel Euclides de Oliveira Figueiredo, comandante da Segunda Divisão de Cavalaria de Alegrete. Este, no entanto, era um legalista convicto.

Sem muitas alternativas, coube ao alagoano Pedro Aurélio de Góes Monteiro, comandante do Terceiro Regimento de Cavalaria Independente de São Luiz Gonzaga, assumir a tarefa. Décadas mais tarde, Cordeiro de Farias se lembraria de Góes Monteiro como alguém de ar bonachão, que gostava de uísque e tinha a "fala mole"; o que lhe sobrava em inteligência e força física lhe faltava em "coragem moral". Aos 41 anos, o coronel Góes Monteiro começara sua carreira militar em Porto Alegre. Depois de ter participado da Primeira Guerra Mundial (1914–8) como membro das forças de vigilância do Atlântico, permaneceu legalista durante o levante de 1922. Manteve-se leal ao governo também durante a revolta de 1924, em São Paulo. Como membro do Estado-Maior das forças do Exército, foi dele a ideia de criar os chamados "batalhões patrióticos", milícias compostas de jagunços e cangaceiros voluntários que deram combate à Coluna Prestes pelo país. Em 1929, porém, ele fora fotografado ao lado de vários líderes da Aliança Liberal — mesmo o ministro da Guerra tendo proibido qualquer participação de militares em eventos políticos. Não obstante, inexplicavelmente, no momento em que o governo de Washington Luís se preparava para "isolar" estrategicamente o Rio Grande do Sul, foi para inspecionar as novas instalações militares na região que o general Sezefredo dos Passos enviou Góes Monteiro. Colocado no círculo dos conspiradores, não foi muito difícil para Oswaldo Aranha convencer o coronel a aderir à causa da revolução. De início hesitante, somente em junho de 1930 ele finalmente aceitou o convite de Vargas. Mas com uma condição: "Darei ordens até sobre a maneira como devem conspirar".

Em agosto, os revolucionários ganharam um importante aliado: Oswaldo Aranha conseguiu convencer Borges de Medeiros a apoiar a revolução. O velho cacique republicano imediatamente pediu ao coronel Claudino Nunes Pereira, comandante da Brigada Militar, a polícia militar gaúcha, que permanecesse em alerta e prestasse apoio ao levante tão logo fosse solicitado.

Nesse ínterim, Vargas continuava fazendo jogo duplo. Como lembrou mais tarde Cordeiro de Farias, "garantia-se do lado do governo e do lado da conspiração".[9] No Senado, mantinha Paim Filho afirmando que nem o Rio Grande do Sul nem o governador e o Partido Republicano Rio-Grandense desejavam uma guerra civil. Na Câmara, Lindolfo Collor seguia o lado contrário. Natural de São Leopoldo, Rio Grande do Sul, Collor era farmacêutico, mas jamais atuou na profissão. Desde cedo, destacou-se como jornalista, primeiro em Bagé e depois no Rio de Janeiro, no prestigiado *Jornal do Commercio*. A convite de Borges de Medeiros, voltou para o Sul a fim de dirigir *A Federação*, o órgão oficial do Partido Republicano Rio-Grandense. Foi eleito deputado estadual pelo Rio Grande do Sul e deputado federal pelo Rio de Janeiro, onde passou a dirigir o jornal *O País*. Durante a campanha eleitoral de 1929–30, dirigiu *A Pátria*, porta-voz da Aliança Liberal, além de ser o autor da plataforma da coligação — se não no todo, em grande parte. Também se envolveu, embora em menor grau do que João Neves, com a compra de armas e munições para a revolução: na Argentina, conseguiu comprar um avião. Seis décadas mais tarde, seu neto Fernando Collor de Mello seria eleito presidente da República.

Em setembro, a pedido de Vargas, Lindolfo Collor passou o mês em viagens entre o Rio de Janeiro e Minas Gerais. Sua missão era consultar militares de alta patente nas Forças Armadas e saber o que pensavam sobre o movimento revolucionário que estava sendo gestado. Na opinião de Vargas, o apoio dos "tenentes" era vital para o sucesso do levante. Eles possuíam experiência militar, eram idealistas, gozavam de admiração da tropa e da simpatia de parte dos setores urbanos da população e da massa de trabalhadores, mas a presença de membros do alto escalão do Exército aumentaria a chance de sucesso, além de dar maior credibilidade ao golpe. Entre os principais nomes contatados por Collor, três deles tinham alguma ligação com o Rio Grande do Sul, haviam tido algum tipo de desentendimento com o governo de Washington Luís ou não estavam no comando efetivo de qualquer tropa. Eram os generais de brigada Francisco Ramos de Andrade Neves e Alfredo Malan d'Angrogne e o general de divisão Augusto Tasso Fragoso, então militar mais antigo do Exército. Tasso Fragoso era um germanófilo assumido, aficionado por história, adepto da lealdade aos superiores e avesso a rebeliões contra autoridades civis

122 A REVOLUÇÃO DE 1930

constituídas — embora tivesse participado da derrubada da monarquia, em 1889. Todavia, deu garantias a Collor de que, na hora certa, não ficaria em cima do muro, tomaria a atitude que o seu patriotismo indicasse. "Causava-lhe repugnância pegar em armas contra a legalidade, mas faltava-lhe, também, entusiasmo para ajudá-la", afirmou.[10] Os dias de Washington Luís no Catete estavam contados.

3 DE OUTUBRO

Enquanto Lindolfo Collor tratava com os oficiais do Exército, Góes Monteiro chegava a Porto Alegre. Vinha, segundo fez parecer, para acompanhar a esposa em uma intervenção cirúrgica. Sem levantar suspeitas, o coronel instalara seu "quartel-general" na casa de uma irmã de Oswaldo Aranha. Ali, teria como auxiliares João Alberto e Newton Estillac Leal, outro ex-integrante da Coluna Prestes. Herculino Cascardo, que sublevara o couraçado *São Paulo* na Revolução de 1924, atuaria como seu oficial de informações e Virgílio de Melo Franco, como secretário. João Alberto escreveria mais tarde, em suas memórias, que, depois de tantas lutas, a "hora do triunfo" havia chegado.

A estratégia militar era simples. O próprio Góes Monteiro iria liderar as forças revolucionárias estacionadas no Sul, que eram, em verdade, o grosso do Exército Revolucionário. O "tenente-coronel" Juarez Távora, "o bravo Leão do Norte", ficaria responsável por sublevar os quartéis do Norte e do Nordeste, arregimentar voluntários e apoderar-se de toda a região. Aristarco Pessoa, irmão de João Pessoa, ficaria responsável por insurrecionar as tropas de Minas Gerais. O início da revolução se daria com um ataque à sede da Terceira Região Militar, em Porto Alegre, no terceiro dia de outubro, às 17h30 — a data fora adiada, por diversos motivos, por três vezes, entre junho e agosto. A ideia era surpreender o quartel-general com a pouca guarnição que permanecia no local após a abertura dos portões, às dezessete horas, quando oficiais e praças eram dispensados do serviço burocrático do dia, e render o general Gil de Almeida. Daí em diante, a revolução tomaria seu rumo. Vencida a luta armada, Vargas seria empossado presidente.

Quando setembro chegou ao fim, a chamada Revolução Liberal estava em andamento. Na capital gaúcha, a primavera chegara muito tímida e, ao longo do mês de outubro, uma chuva fria cairia intermitente em todo o estado sulista. Não era novidade para os porto-alegrenses que o levante estava prestes a estourar. "Até a cachorrinha da praia sabia da revolução", diria o irmão de Oswaldo Aranha. Fuzarca "apareceu com um lenço vermelho no pescoço". Leopoldo Geyer, proprietário da Casa Masson, que estava na Alemanha para um período de ' três anos, retornou rapidamente para o Brasil tão logo soube que o secretário do Interior gaúcho havia deixado o governo. Por uma "onda telepática", lembrou mais tarde, interpretou que o Rio Grande deflagraria uma guerra civil. No começo de outubro, muitos de seus clientes sabiam o nome dos líderes, quais repartições e locais da cidade seriam atacados, o dia e o sinal para o levante — "a subida de um foguete". No dia 2, um precavido Geyer sacou dinheiro dos bancos, reforçou a segurança e esperou o aviso.[11]

Só o governo federal parecia alheio à realidade, talvez porque havia tanto tempo que se falava em revolução e nada acontecera, o presidente estava saturado do falatório. Embora alertado sobre a possibilidade de uma insurreição militar, Washington Luís não deu muito crédito à informação, mas por segurança, resolveu consultar Góes Monteiro, "pessoa reputada de crédito", sobre o que ocorria no Sul. Tudo estava sob a mais absoluta ordem, confirmou o coronel.

Quando finalmente o dia 3 de outubro chegou, Porto Alegre acordou sob uma garoa fina e, apesar do tempo ruim, "estava excitada". A notícia de que a revolução rebentaria no final da tarde era transmitida de boca a boca, a princípio "ao pé do ouvido e com descrição, mais murmurada do que falada", lembraria Vianna Moog. No final da manhã, porém, "toda reserva e cuidado foram postos de lado e a coisa corria como fogo em palheiro", recordou o escritor gaúcho. Logo, a informação passou a ser transmitida de grupo em grupo e aos berros.[12]

O general Gil de Almeida, que havia algum tempo desconfiava de algo, por diversas vezes sondou o governador gaúcho sobre os rumores que corriam na capital gaúcha. Durante a tarde, ele recebeu radiogramas de comandantes militares em Passo Fundo, Bagé e Alegrete dando conta de movimentos suspeitos, com grupos reunindo armamento e arregimentando voluntários. Questionado por um emissário do general, Vargas afirmou que providências seriam tomadas. Quando o próprio Gil de Almeida tentou telefonar para o governador para exigir explicações, já era tarde demais. Eram 17h30 de sexta-feira, e o sinal para o início da revolta fora disparado. As linhas de comunicação foram cortadas antes que o general pudesse fazer qualquer coisa. Imediatamente, teve começo o matraquear de metralhadoras e o pipocar de fuzis.

Os soldados da Guarda Civil, cujo quartel ficava a pouca distância do quartel-general, é que deram início ao levante. Liderados pelo general Flores da Cunha e Oswaldo Aranha, os rebeldes rapidamente cercaram a desguarnecida sede da Terceira Região Militar, fazendo com que seu comandante se refugiasse na copa da ala residencial do prédio. De arma em punho, Gil de Almeida jurou não se entregar facilmente. Mas, ao receber uma mensagem de Vargas pedindo que evitasse um sacrifício inútil, o general se entregou. Em se-

A REVOLUÇÃO LIBERAL (1930) **125**

guida, caíram o Arsenal de Guerra e as guarnições militares no morro do Menino Deus, onde o comandante do Quarto Esquadrão, o capitão legalista Jaime Argolo Ferrão, foi morto. No centro da cidade, o prédio dos Correios e Telégrafos foi tomado por uma força comandada pelo deputado Maurício Cardoso; o mesmo aconteceu com as sedes da Alfândega e da Delegacia Fiscal. A ocupação da Agência Americana, responsável pelo sistema de radiotelegrafia da capital, ficou a cargo de Lindolfo Collor. O deputado, que estava, assim como Oswaldo Aranha, hospedado no grande Hotel Majestic, hoje Casa de Cultura Mario Quintana e à época transformado em "quartel-general da revolução", foi visto por um observador em meio à tropa, de "lenço branco, nó farroupilha atado ao pescoço" e um fuzil Mauser a tiracolo.[13] A Companhia Telefônica também foi ocupada. A agência do Banco do Brasil foi invadida e mais de 9 mil contos de réis caíram em poder dos revolucionários. O último baluarte da resistência legalista, o Sétimo Batalhão de Caçadores, comandado pelo tenente-coronel Benedito Marques da Silva Acauan — cunhado do general Flores da Cunha —, rendeu-se no início da madrugada do dia 4. Depois de oito horas de combate, Porto Alegre caíra em poder dos revolucionários.

Quando amanheceu, a população saiu às ruas. Civis e militares cantavam hinos patrióticos, dando vivas à revolução e exibindo lenços vermelhos no pescoço. A cor vermelha, que outrora era o símbolo dos maragatos, agora era a cor da revolução. Mas também era a cor do comunismo, e, para desfazer qualquer mal-entendido, Vargas solicitou ajuda ao cardeal de Porto Alegre, dom João Becker. A revolução tinha "caráter puramente político e está completamente alheia ao comunismo, cujas doutrinas e perversas práticas repele com energia", escreveu o líder religioso ao Vaticano. "As bandeiras vermelhas representam a revolução e não o comunismo", reforçou o embaixador norte-americano.[14]

Durante o dia, os cinquenta oficiais legalistas que haviam se rendido na noite anterior foram levados para o vapor *Comandante Ripper*, embarcação convertida em navio-prisão. Todos os demais militares que não aderiram à revolução foram levados para as outras embarcações fundeadas no rio Guaíba — o general Cândido Rondon, capturado em Marcelino Ramos, também seria feito prisioneiro por se negar a conspirar contra o governo; pelo seu histórico, porém, foi mantido cativo em uma prisão domiciliar.

Naquele mesmo dia, *A Federação* e diversos outros jornais publicaram o manifesto à nação que Vargas havia escrito ainda no mês anterior. "Entreguei ao povo a decisão da contenda, e este, cansado de sofrer, rebela-se contra os opressores. Não poderei deixar de acompanhá-lo, correndo todos os riscos em que a vida será o menor dos bens que lhe posso oferecer", afirmava ele, esclarecendo a decisão tomada em favor de uma revolta armada. "É preciso que cada um de seus filhos seja um soldado da grande causa", finalizava. "Rio Grande, de pé, pelo Brasil! Não poderás falhar ao teu destino heroico."[15]

Quase sem resistência legalista, em menos de dois dias, o Rio Grande do Sul estava inteiramente sob controle dos rebeldes. Algumas guarnições rapidamente se puseram em marcha — a do general Felipe Portinho, em Erechim, inclusive, já transpusera a fronteira com Santa Catarina. No restante do país, a revolução também obtivera sucesso. Nos dias seguintes ao levante de Porto Alegre, no Norte e no Nordeste, Juarez Távora arregimentou um exército de 30 mil homens e obteve vitórias importantes: Ceará, Alagoas, Paraíba, Sergipe, Pernambuco, Rio Grande do Norte, Piauí, Pará e Maranhão, onde o levante teve início somente no dia 8 de outubro, caíram em poder do Exército Revolucionário — os revoltos tiveram maiores dificuldades na Bahia. Em Minas, a resistência foi pequena e obstinada. O 12º Regimento de Infantaria, no bairro Barro

Preto, na capital, transformou-se em baluarte legalista. Com pouco mais de 670 homens, suportou pesado ataque de artilharia da Força Pública, com cerca de 4 mil soldados, durante cinco dias. Sem luz elétrica, atendimento médico, alimento e água (contaminada com creolina), o regimento se rendeu no dia 8. Havia mais de cinquenta mortos, mas Belo Horizonte estava em poder dos revoltosos. Em Três Corações, durante o ataque ao Quarto Regimento de Cavalaria, morreu Djalma Dutra, revolucionário da Coluna Prestes.

Nesse meio-tempo, Washington Luís decretara estado de sítio em todo o país. Para evitar uma correria aos bancos, decretou feriado até o dia 21 de outubro (depois ampliado até o dia 30 de novembro), convocou os reservistas e fez o Congresso aprovar um crédito de 100 mil contos de réis para financiar a repressão aos revoltosos.

A essa altura, com o relativo sucesso das operações militares, no Sul já se discutia quem assumiria a cadeira do presidente deposto. Para Raul Pilla, do Partido Libertador, uma junta provisória dirigiria o país até a convocação de uma Assembleia Constituinte. Já Assis Brasil defendia a tese de que Vargas deveria assumir a presidência, já que a eleição de março havia sido marcada por fraude e manipulação.[16]

O jornalista Assis Chateaubriand, que deixara o Rio de Janeiro no dia 3, depois de uma semana chegou a Porto Alegre decidido a acompanhar de perto a revolução. A demora vinha do fato de que a viagem se transformara em epopeia. Em um hidroavião, partiu da capital federal, fez escala em Santos e Paranaguá. Retido em Florianópolis, ainda legalista, ele seguiu de carro até Bom Retiro e, de lá, de cavalo até São Joaquim. Passando por Bom Jesus, chegou até Vacaria, de onde enfim tomou um carro até Porto Alegre.[17] A rapidez dos acontecimentos, porém, impediu que ele se encontrasse com o governador, já de partida para o Paraná.

Chegara a hora de Getúlio Vargas se dirigir para a linha de frente, comandar as tropas e assumir a liderança militar do movimento antes que surgissem oportunistas. Vargas ainda não sabia, mas, na capital federal, generais do Exército já articulavam a derrubada de Washington Luís sem qualquer coordenação com o movimento liderado por ele.

NOTAS

1 | Hemeroteca da BN, *Correio da Manhã*, 27 e 29 jul 1930 e *Jornal do Brasil*, 27 jul 1930; Joaquim Inojosa, *República de Princesa*, pp. 228 e 244; Hélio Silva, *1930 – a revolução traída*, pp. 168, 178-80 e 307-12.

2 | Joaquim Inojosa, *República de Princesa*, p.67.

3 | Ricardo Seitenfus, *O Brasil de Getúlio Vargas*, p. 48; Anita Prestes, *Luiz Carlos Prestes*, p. 119.

4 | Hemeroteca da BN, *A Federação*, 1º mar 1930.

5 | João Neves da Fontoura, *Memórias*, vol.2, p. 8; Luiz Aranha Correa do Lago, *Oswaldo Aranha*, p. 27; Luiz Vergara, *Fui secretário de Getúlio Vargas*, p. 83; Aspásia Camargo e Walder de Góes, *Meio século de combate*, p. 169.

6 | João Neves da Fontoura, *Memórias*, vol.2, p. 355.

7 | Leila Hernandez, *Aliança Nacional Libertadora*, pp. 38-40.

8 | Estevão Leitão de Carvalho, *Memórias de um soldado legalista*, p. 115.

9 | Aspásia Camargo e Walder de Góes, *Meio século de combate*, p. 169.

10 | Hélio Silva, *1930, a revolução traída*, p. 374; Glauco Carneiro, *História das revoluções brasileiras*, p. 319.

11 | Leopoldo Geyer, "Episódios revolucionários", *Simpósio sobre a Revolução de 30*, p. 557.

12 | Vianna Moog, "Episódios revolucionários", *Simpósio sobre a Revolução de 30*, p. 525.

13 | Vianna Moog, "Episódios revolucionários", *Simpósio sobre a Revolução de 30*, p. 530.

14 | Lira Neto, *Getúlio (1882-1930)*, pp. 486-7.

15 | Hemeroteca da BN, *A Federação*, 4 out 1930.

16 | João Neves da Fontoura, *Memórias*, vol.2, p. 440.

17 | Fernando Morais, *Chatô*, p. 247.

6.
O GOLPE DE 24 DE OUTUBRO (1930)

ma multidão aguardava a chegada de Getúlio Vargas à gare da Viação Férrea naquele domingo, 12 de outubro de 1930. O embarque era aguardado para as dezoito horas, mas a comitiva de Vargas estava atrasada. Mesmo com a demora e o frio, os porto-alegrenses não arredaram pé, tomando os espaços interno e externo da empresa estatal localizada na rua Voluntários da Pátria, em Porto Alegre. Parecia que toda a cidade tinha comparecido ao local para apresentar suas despedidas ao chefe da revolução e seus acompanhantes, recordaria meio século depois Vianna Moog. Quando Vargas chegou, já tarde da noite, o povo irrompeu em aclamações. Com dificuldade, ele desceu do automóvel e dirigiu-se à plataforma do vagão. Todos queriam abraçá-lo, tocá-lo e ouvi-lo, mas o governador limitou-se a acenar brevemente enquanto recebia uma chuva de flores. Embora agora fosse oficialmente o líder do Exército Revolucionário, ainda vestia trajes civis — um pesado sobretudo por cima do paletó escuro. Eram onze da noite quando o comboio com onze vagões abarrotados de oficiais, soldados e voluntários partiu em direção a Ponta Grossa, no Paraná, onde Góes Monteiro e Vargas liderariam o ataque a São Paulo. Quando o trem se pôs em movimento, Oswaldo Aranha, agora governador do Rio Grande do Sul, soltou: "Viva o presidente eleito da República". A multidão, em êxtase, acenou com lenços e chapéus, acompanhando o trem até três quadras depois da estação. "Vargas partiu aclamado entusiasticamente por compactas multidões", escreveria João Neves em suas memórias.[1]

DE PÉ, PELO BRASIL!

Quando o comboio de Vargas deixou Porto Alegre, os revolucionários já haviam conquistado praticamente todas as cidades de Santa Catarina e do Paraná, com exceção de Florianópolis, acossada pela Divisão do Litoral, comandada por Ptolomeu Assis Brasil, irmão do líder do Partido Libertador. O embarque das tropas do Rio Grande do Sul em direção ao Rio de Janeiro começara no dia 5, quando tanto a capital gaúcha quanto Curitiba já estavam em poder dos revoltosos — o primeiro regimento a partir foi o do coronel Alcides Etchegoyen, seguido por sessenta comboios com cerca de 100 mil soldados, entre voluntários e militares.[2] A vanguarda revolucionária era comandada por Miguel Costa, feito general pela revolução. O objetivo era concentrar tropas ao norte do Paraná e preparar o avanço sobre a capital paulista.

No primeiro vagão, atrelado a um carro-restaurante, Vargas estava acompanhado do filho Lutero, do cunhado Walder Sarmanho, do secretário Luiz Vergara e do ajudante de ordens Aristides Krauser. A comitiva principal era guarnecida pela Escolta Presidencial, um dos melhores efetivos da

Brigada Militar, com 145 homens sob o comando do capitão Carlos Guasque Mesquita. Os vagões seguintes eram ocupados pelo Estado-Maior de Góes Monteiro, composto de treze oficiais, e figuras importantes, tanto militares quanto civis — Flores da Cunha, Maurício Cardoso, Ildefonso Simões Lopes, Luís Aranha, João Neves, Vianna Moog e Vargas Neto, sobrinho de Getúlio. Em suas memórias, João Neves anotou quase setenta "amigos e companheiros de luta". O grande número de líderes políticos e personalidades civis no comboio não escapou à pilhéria de Góes Monteiro: "Pois, é, vejam só. Hoje até o poeta Vargas Netto apareceu-me elegantemente fardado de major, decerto graduado pelas musas".[3]

O comboio de Vargas — chamado pela imprensa de "marcha revolucionária" — seguiu o caminho natural dos trilhos da ferrovia Rio Grande-São Paulo: Rio Pardo, Cachoeira do Sul, Santa Maria, Júlio de Castilhos, Cruz Alta, Passo Fundo, Erechim e Marcelino Ramos. Em todas as estações, o mesmo ritual se repetia: o povo cercava o trem, cantava hinos patrióticos e aplaudia entusiasticamente os soldados apinhados nas janelas dos vagões. Refrescos, café, frutas, sanduíches e cigarros eram ofertados à tropa. Vargas, a essa altura trajando o uniforme militar de brim cáqui, cinto de couro preto à cintura e botas de cano longo, era recebido com flores e flâmulas bordadas por jovens da alta sociedade local — em linhas douradas, o trecho final do manifesto de 4 de outubro, transformado em divisa do movimento: "Rio Grande, de pé, pelo Brasil!".

Em Erechim, no dia 14, aconteceu um dos fatos mais simbólicos da viagem. Depois de Vargas ser carregado nos ombros pelo povo, uma jovem lhe ofereceu um lenço de seda vermelha. O herdeiro de Júlio de Castilhos e Borges de Medeiros, líder dos pica-paus de lenço branco, permitia que uma mulher do povo lhe brindasse com o distintivo maior dos inimigos de outrora, o lenço encarnado com o típico nó maragato.[4] No dia seguinte, o trem cruzou a fronteira com Santa Catarina. Na tarde do dia 16, o comboio chegou a Ponta Grossa, no Paraná, quartel-general do Exército Revolucionário, a menos de 200 quilômetros da linha de frente. Aqui, João Neves despediu-se de Vargas para seguir como soldado raso com as tropas do general Flores da Cunha, que marchavam em direção a Sengés. Antes de deixar Porto Alegre, Vargas havia feito Oswaldo Aranha governador, e não João Neves, vice de fato e de direito. Magoado com o amigo, ele não aceitou a liderança de um efetivo — "não sou soldado, quem dirá general". Nem Aranha conseguiu demovê-lo da ideia. Queria apenas pelear, ver o triunfo das ideias de campanha e Vargas no Catete. Além do mais, escreveu, "estou obedecendo à lei histórica — as revoluções devoram sempre os seus primeiros arautos".[5]

No dia 20, Vargas chegou a Curitiba, mais uma vez saudado por multidões em delírio — e mais uma vez teve um lenço vermelho posto no pescoço por uma moça. Depois de dois dias na capital paranaense, o primeiro banho em dez dias, visita ao palácio do governo, almoços e confraternizações, ele retornou a Ponta Grossa para aguardar o ataque que o general Miguel Costa desferiria contra as tropas legalistas em Itararé nos próximos dias.

Enquanto isso, tropas não paravam de chegar à linha de frente — o entusiasmo do povo rio-grandense pela revolução fizera com que até mesmo religiosos trocassem o hábito pelo uniforme militar. Toda a malha ferroviária do sul estava congestionada. Em Cruz Alta, no Rio Grande do Sul, Erico Verissimo observava o desfile dos soldados e voluntários que partiam para derrubar Washington Luís com "um olho morno e cético". Aquele que viria a ser um dos maiores nomes da literatura gaúcha imaginava, então, como se poderia endireitar o país se os homens que pretendiam tomar o poder eram os mesmos de sempre.[6]

136 A REVOLUÇÃO DE 1930

O general João Francisco estava entre os que prontamente atenderam ao chamado para a luta. Do exílio no Uruguai, ele partiu para liderar uma divisão de Cavalaria Ligeira e combater ao lado de Miguel Costa. Aos 64 anos, o intrépido homem da fronteira gaúcha participara de muitas revoluções desde 1893, quando combatera do lado pica-pau. Alcunhado por Rui Barbosa de Hiena do Cati, local onde mantinha uma guarnição, tinha fama de cruel e degolador. Junto com Isidoro Dias, tomara parte do levante de 1924 que ocupou a cidade de São Paulo, onde, segundo ele, tivera "51 feridas abertas". Participava da revolução de Vargas para derrubar a "oligarquia cangaceira e ladravaz acampada no Catete".[7]

O entusiasmo revolucionário, no entanto, não era apenas gaúcho. A advogada mineira Elvira Komel aderiu à causa aliancista e, por meio de panfletos e dos jornais de Belo Horizonte, manifestou apoio ao líder rio-grandense convocando as "patrícias" à luta. "A vida humana nada significa diante da grandeza dos princípios pelos quais nos batemos", dizia um dos panfletos do movimento. Na capital mineira, ela rapidamente arregimentou quinhentas mulheres, criando o Batalhão Feminino João Pessoa. Em pouco tempo, eram cerca de 8 mil atuando na retaguarda das forças revolucionárias que lutavam em Minas Gerais, servindo como enfermeiras, costurando fardamentos ou preparando kits que seriam enviados para a linha de frente. O grupo seria o embrião da associação feminina cuja luta principal era conquistar o direito da mulher de votar e ser votada.[8] Em Recife, o levante foi quase que inteiramente popular — uma luta que custou 38 vidas, ferindo outras 120. Quando Juarez Távora entrou na capital pernambucana, no dia 6, a cidade já fora tomada das mãos legalistas por populares e um punhado de oficiais rebeldes.

De qualquer forma, o destino da revolução seria definido em Itararé, um importante entroncamento ferroviário na divisa entre São Paulo e Paraná. Ali, estava estacionada a esperança de vitória de Washington Luís. Sob o comando do coronel José Paes de Andrade, havia 3 mil homens da Força Pública paulista e 2.600 soldados do Exército e voluntários. A posição elevada da cidade e o rio Itararé favoreciam a defesa das forças legalistas, que eram municiadas com quatro canhões Krupp e contavam com o apoio de uma pequena força aérea. Para o Catete, Itararé era uma fortaleza inexpugnável.

Miguel Costa, por sua vez, estacionara 7.800 homens na cidade de Sengés, ainda em território paranaense, a cerca de quinze quilômetros do inimigo. Seu armamento consistia em dezoito canhões Krupp de 75 milímetros, modernos e de maior calibre do que os operados por Paes de Andrade.[9]

Nascido em Buenos Aires, Miguel Alberto Crispim Rodrigo da Costa viera para o Brasil ainda criança. Manteve-se legalista até 1924, quando, junto com Isidoro Dias, ocupou São Paulo e, em seguida, percorreu o Brasil com a Coluna Prestes. João Neves lembrou-se dele assim: "Vendo-o e ouvindo-o, ninguém diria que aquele homem sereno, sorridente, amável, de ar expressivo, fosse um cabo de guerra, um líder revolucionário". Enxuto de carnes, de olhos azuis e falando baixinho, mais parecia um pastor evangélico.[10]

Militar experimentado, Miguel Costa dividiu suas forças em duas linhas: uma, avançada, ao longo do rio e junto à cidade de Itararé; a outra, mais afastada. A primeira linha manteria contato direto com o inimigo, destinando-se a estudar a força legalista e fazer prisioneiros; a segunda formaria o grosso da tropa. De seu quartel-general em Sengés, ele organizou a força de ataque em quatro destacamentos. A força principal, comandada pelo coronel Silva Júnior, atacaria a cidade frontalmente, enquanto os grupos do major Alexínio Bittencourt, pelo sul, e do general Flores da Cunha, pelo norte, fariam um movimento de pinça, visando cercar o inimigo. O deputado

Batista Luzardo aguardaria o desenrolar do combate com um destacamento de reserva.

Dos quatro, José Antônio Flores da Cunha era o mais experiente e reconhecido, quase uma figura mitológica. Gaúcho de Santana do Livramento, dera início à carreira militar na Revolução de 1923, quando borgistas se digladiaram com o Partido Libertador de Assis Brasil. Havia sido eleito deputado estadual no Rio Grande e deputado federal pelo Ceará. De retorno ao estado natal, quando teve início a guerra civil entre maragatos e chimangos, era prefeito em Uruguaiana. Alcançou o generalato em 1925, depois de ter derrotado e aprisionado seu arquirrival federalista Honório Lemes, o Leão de Caverá. Eleito senador em 1928, era um dos principais representantes do Rio Grande do Sul no cenário federal. Muito amigo de Oswaldo Aranha, Flores da Cunha não fazia o típico gaúcho: jamais tomou chimarrão, por exemplo. "Se alguém para tentar mostrar intimidade disser que tomou chimarrão comigo, é mentira", afirmou certa feita.[11]

Miguel Costa aguardava a chegada do restante dos efetivos vindos do sul para lançar o ataque sobre a Fazenda Morungava, o primeiro objetivo rebelde antes de Itararé, quando Paes de Andrade atacou primeiro, reforçado por um novo contingente recém-chegado com trezentos soldados, metralhadoras leves e pesadas. A aviação legalista também bombardeou Sengés, mas a ação foi infrutífera e não atingiu posições militares — o ataque que visava à ponte sobre a estrada de ferro errou o alvo e os "paulistinhas", como eram chamados os aviões legalistas, destruíram a torre de uma fábrica de beneficiamento de algodão, uma igreja, a caixa-d'água e algumas residências. O general rebelde lançou, então, um contra-ataque, fazendo recuar lentamente as forças governistas. No dia 17, depois de doze dias de luta, os revolucionários ocuparam Morungava, a oito quilômetros de Itararé, onde se entrincheirara a força leal a Washington Luís. Cercado e sem chance de contra-atacar ou de defender por muito tempo a cidade, Paes de Andrade consultou o alto comando do Exército. Recebeu uma resposta pouco animadora: "Defenda Itararé a todo transe".[12]

Após uma breve pausa para reorganizar as tropas e impedido de atacar devido ao mau tempo, Miguel Costa marcou para o dia 25, ao meio-dia, o início da grande ofensiva. Às dez horas da manhã do mesmo dia, porém, o Estado-Maior recebeu um comunicado do Rio de Janeiro: "Caiu Washington Luís". A fim de encerrar as hostilidades, o deputado Glicério Alves foi escolhido para parlamentar com o exército legalista, o que fez atravessando as linhas inimigas portando uma bandeira e uma carta assinada pelos generais Miguel Costa e Flores da Cunha. No início da tarde, o coronel Paes de Andrade assinou a deposição das forças sob seu comando.[13] Itararé passaria para a história como "a batalha que não aconteceu".

O BRASIL PERCORRIDO POR VARGAS EM OUTUBRO DE 1930

A DEPOSIÇÃO DE WASHINGTON LUÍS

Góes Monteiro calculou que, se tudo corresse como esperado, as chances de vitória eram altas. Na pior das hipóteses, em três meses Washington Luís seria deposto. Iniciada no começo do mês de outubro, a revolução se alastrou rapidamente e, em menos de vinte dias, pôs o governo federal em xeque. A imprensa aliada ao governo, porém, continuava a divulgar que as tropas legalistas venciam em todas as frentes, e a polícia da capital federal começou a prender qualquer pessoa que divulgasse algo em contrário ou espalhasse notícias alarmantes.

Desde os primeiros dias de outubro, muitos militares do Exército e da Marinha, no Rio de Janeiro, haviam começado a reconsiderar sua lealdade ao governo. Estavam surpresos com o sucesso militar da revolução, assim como com a adesão popular ao movimento — o que causava resistência passiva à mobilização dos corpos e uma repulsa cada vez maior à convocação dos reservistas. Crescia o medo de que as Forças Armadas do país fossem derrotadas e humilhadas por um exército rebelde e que a hierarquia acabasse subvertida com as deserções em apoio aos aliancistas. Em reunião reservada, o capitão Faustino Silva externou ao coronel Bertoldo Klinger que muitos oficiais do Estado-Maior do Exército questionavam a possibilidade de a guarnição militar da capital federal realizar um pronunciamento oficial instando o presidente a depor as armas, com a finalidade de pôr fim à revolução e pacificar o país.

Klinger, que mantivera contato com Oswaldo Aranha durante a campanha aliancista, viu a oportunidade de o Exército derrubar Washington Luís. Levou, assim, a mensagem ao seu superior, o general de divisão João de Deus Mena Barreto, comandante do Primeiro Grupo de Regiões Militares. Vendo a vitória iminente de Vargas e decidido a derrubar o governo, Mena Barreto, por sua vez, se aproximou do contra-almirante José Isaías de Noronha, oficial de influência e trânsito na Marinha. O pequeno grupo, bem articulado, começou a colher assinaturas para uma ação que visava depor o presidente e assumir o controle do país. No dia 23, Mena Barreto e Isaías de Noronha contataram Tasso Fragoso, o nome mais respeitado dentro do Exército. Como havia prometido a Lindolfo Collor, o conceituado general não ficou em cima do muro e aceitou a liderança do movimento. Revisou o manifesto a ser divulgado à nação e também o documento que seria entregue a Washington Luís. No dia seguinte, às nove horas da manhã, enquanto aviões deixavam cair dos céus cariocas a mensagem militar destinada à população, as unidades militares de terra e mar do Rio de Janeiro saudavam a formação da "Força Pacificadora" — depois chamada de Junta Governativa Provisória — içando a bandeira nacional com uma salva de quinze tiros de canhão. A Polícia Militar também se colocou sob as ordens de Mena Barreto. O batalhão de polícia que guarnecia o palácio Guanabara não reagiria a um ataque do Exército.

Enquanto isso, Washington Luís estava reunido no palácio Guanabara com os poucos aliados que lhe restavam — o vice-presidente, os ministros de Estado, alguns deputados e os filhos, pouco menos de trinta pessoas. Construído nos anos 1850 para residência de um rico comerciante português, o palácio, localizado nas Laranjeiras, fora comprado pela família imperial em 1864 e transformado em Paço Isabel, referência à princesa Isabel, que ali passou a morar com o esposo francês, o conde D'Eu. Quando a República foi proclamada, o palácio foi incorporado ao patrimônio da União, e foi o próprio Washington Luís que o transformou em residência oficial do presidente, em 1926. Às vésperas do levante liderado por Vargas, o palácio Guanabara ainda passava por reformas e ampliações.

Quando os integrantes da Junta Governativa chegaram ao local, o palácio estava cercado de metralhadoras, mas o tenente-coronel Carlos Reis, como prometido, rendeu-se sem resistência. Atacantes e defensores confraternizavam enquanto centenas de manifestantes se espalhavam pelos jardins do prédio histórico — a invasão ao recinto presidencial só foi contida, a muito custo, com a intervenção do deputado Maurício de Lacerda. A cidade também estava em convulsão. Soldados haviam posicionado metralhadoras e canhões nas principais ruas do Rio de Janeiro e, por toda parte, populares montavam barricadas improvisadas com pneus de caminhão, paralelepípedos e sacos de cereal.

"Não renuncio!", declarou o presidente aos seus ministros, sentado na poltrona da sala de despachos do palácio Guanabara. Avisado de que aviões sobrevoavam o palácio, ele esbravejou: "Só aos pedaços sairei daqui!". Os generais Tasso Fragoso, Mena Barreto e Alfredo Malan d'Angrone subiram a escadaria principal e solicitaram ao chefe do Estado-Maior do presidente, o general Teixeira de Freitas, uma audiência o mais rápido possível. Depois de muito esperar sem obter retorno, um impaciente Fragoso decidiu entrar porta adentro, sem qualquer formalidade ou pedir licença. Washington Luís os recebeu de sobressalto. Àquela altura dos acontecimentos, Tasso Fragoso tinha pouca coisa a dizer. Juntou os calcanhares, bateu continência e disparou: "Senhor Presidente, venho mais uma vez patentear a minha lealdade — assegurando-lhe a vida, comunicar-lhe que a Junta Governativa está formada e que ela pede a Vossa Excelência a sua renúncia, a fim de evitar mais derramamento de sangue". Sem perder a altivez, o presidente respondeu que, naquele momento, a vida era o que ele mais desprezava. O general, então, retrucou: "Se Vossa Excelência não quer submeter-se, ficará responsável pelo que lhe suceder".[14] Como Fragoso lembraria mais tarde, com a intransigência de Washington Luís, a situação tomava um rumo não esperado. O que fazer?

A solução encontrada foi mandar trazer dom Sebastião Leme para intermediar as negociações. Acompanhado do monsenhor Costa Rêgo, o cardeal passou mais de duas horas em conversa reservada com o presidente até poder demovê-lo da ideia de resistir. Eram seis horas da tarde, 24 de outubro, quando finalmente o 13º presidente brasileiro, cujo mandato se encerraria em menos de um mês, foi levado preso ao

Forte de Copacabana, em uma limusine Lincoln modelo 1928 — entre os militares que fizeram a segurança do carro estava o então primeiro-tenente Artur da Costa e Silva, futuro presidente da República durante o regime militar. Washington Luís aceitara se entregar, mas não renunciou formalmente. Poucos dias depois, quando um repórter conseguiu entrevistá-lo na prisão militar em que se achava detido, fez questão de frisar: "Dr. Washington Luís, não. Sr. Presidente da República. Até o dia 15 de novembro, se não morrer, serei o presidente constitucional do Brasil".[15]

Depois do golpe, a Junta Governativa transmitiu pelo rádio uma proclamação informando ao país que as Forças Armadas, com o apoio da "massa popular", e sem derramamento de sangue, tinham tomado o poder da República. Um informe adicional solicitava que revolucionários e legalistas cessassem imediatamente as hostilidades. Em Ponta Grossa, Vargas foi informado da deposição de Washington Luís e convidado a seguir com urgência para o Rio de Janeiro. O astuto gaúcho preferiu sondar a situação. Afinal, o que planejavam os militares que haviam tomado o poder no Rio de Janeiro quando a vitória da revolução estava próxima e o presidente, isolado? Vargas não cairia prisioneiro na capital federal depois de chegar onde chegara. O governador mineiro Olegário Maciel e Juarez Távora, do Norte, aumentaram o coro: não obedeceriam a ordens vindas da junta militar. Por radiograma, porém, Tasso Fragoso tranquilizou Vargas, explicando que a Junta Governativa era "provisória" e não tencionava permanecer no poder — muito embora o coronel Bertoldo Klinger tivesse tornado pública sua opinião de que muitos militares não tinham intenção de entregar a presidência a Vargas e a Junta houvesse constituído um ministério próprio, com os militares José Fernandes Leite de Castro e Isaías Noronha nas pastas da Guerra e da Marinha e os civis Agenor Roure, Afrânio de Melo Franco e Paulo de Morais Barros para as da Fazenda, das Relações Exteriores e da Agricultura, Indústria e Comércio, respectivamente. Para assegurar que não haveria equívocos, a Junta despachou para o Paraná uma comitiva composta de três oficiais militares e um parlamentar. No fim da noite do dia 26, em Ponta Grossa, Vargas recebeu o convite formal para assumir a presidência da República. O documento era assinado por Tasso Fragoso, Mena Barreto e Isaías Noronha.

Em vez de tomar um avião direto para o Rio de Janeiro, o líder revolucionário, no entanto, decidiu seguir o roteiro previsto. Do Paraná até a capital federal, o trem que levava o novo presidente precisou parar em todas as estações pelo caminho. "Fui assediado constantemente pelos pedidos de autógrafos em cartões, cadernetas, pedaços de papel", anotou no diário. Em todo lugar, "flores, discursos, foguetes".[16] Na capital paulista, foi recebido por milhares de pessoas na estação da Luz. O "queremos Getúlio", entoado durante a campanha da Aliança Liberal, foi substituído por "nós temos Getúlio!". Nesse ínterim, Júlio Prestes, o presidente eleito em março, se refugiou na casa do representante inglês em São Paulo, ali permanecendo até o fim do mês de novembro, quando foi enviado para a embaixada britânica no Rio de Janeiro e, então, para o exílio na Europa.

No dia 31 de outubro, às 18h25, Vargas chegou à Central do Brasil. O povo o esperava desde as nove horas da manhã. A massa em apoteose precisou ser contida por um piquete de cavalaria. Embarcado no carro presidencial, um Lincoln modelo L, Vargas atravessou o centro do Rio de Janeiro, tomado por uma multidão em regozijo que dançava e cantava como se estivesse em pleno Carnaval, lembraria Luiz Vergara.

Levado ao Catete, onde chegou quando já passavam das oito horas da noite, Getúlio subiu a grande escadaria do palácio e dirigiu-se ao povo da sacada do segundo andar da sede da presidência. Lembrou-se de João Pessoa, chamou a ação da Junta de "um golpe hábil e patriótico", sustentou que o país precisava se reorganizar política e administrativamente. Afirmou que a nação, oprimida pela violência e pela brutalidade, não podia "tolerar por mais tempo os seus opressores", e encerrou pedindo o auxílio popular para a realização de "uma obra nova de renovação da República". Segundo os jornais do dia seguinte, o povo estrugiu em palmas e vivas, em um entusiasmo indescritível. "Um dia de grande, intensa, formidável vibração popular", dizia a manchete do *Correio da Manhã*, que estampava na capa uma foto em que Vargas, vestindo uniforme, era ladeado por políticos, membros da Junta, senhoras da alta sociedade do país e uma bandeira com os dizeres: "Eis a paz entre nós, salve 31/10/1930".[17]

Enquanto isso, Juarez Távora, em entrevista aos jornais da capital, declarava o que viria pela frente: "Aprovo a ditadura no seu exato sentido". E "a ditadura de um homem com honra, com as virtudes do puro administrador", disparou.

CAVALOS NO OBELISCO

Ocupada a capital, as forças de Flores da Cunha acamparam na Sociedade Hípica, onde hoje se encontra o estádio do Maracanã, junto à Quinta da Boa Vista. Para se vingar dos jornais e da revista *O Malho*, que espalharam a informação "falaciosa e inverídica" de que o general prometera amarrar seu cavalo no obelisco da avenida Rio Branco, o filho mais velho de Flores da Cunha, Antônio, reuniu um pequeno grupo de cavalarianos que, indo até o centro do Rio, acabou por amarrar os cavalos no famoso monumento. Além de Antônio, integravam o grupo seu irmão, Luís Flores da Cunha, Mário Cunha, Chato Cunha, Osvaldo Talma, Altamiro Krause, Laptz, entre outros. O compositor Lamartine Babo não perdeu tempo, e o caso do obelisco foi parar na marcha "O

Barbado foi-se", composta e gravada logo após a vitória dos revoltosos.[18]

Poucos dias após a posse de Vargas, os jornais *Diário da Noite* e *O Jornal*, além da revista *O Cruzeiro*, ofereceram um grande churrasco aos mais de 3 mil soldados gaúchos acampados na Quinta da Boa Vista. A cervejaria Brahma forneceu os 1.200 litros de chope consumidos pela tropa revolucionária. O jornalista e empresário Assis Chateaubriand havia posto todos os seus veículos de imprensa a serviço da revolução — o império do paraibano, os Diários Associados, dentro em breve contaria com 28 jornais e quinze emissoras de rádio espalhados pelo país. Ele próprio estivera na linha de frente, armado e fardado, acompanhando as tropas estacionadas no Paraná, mas muitas de suas entrevistas, artigos e reportagens realizados no front só seriam publicados depois da queda de Washington Luís, porque seus jornais estavam sob censura do governo.[19]

Segundo o relato do escritor Humberto de Campos, os mais de 30 mil soldados despejados de trem no Rio de Janeiro em menos de uma semana, vindos do norte ao sul do país, com seu fardamento de campanha — o tradicional uniforme cáqui, perneiras e chapéu mole de dois bicos —, deram à capital "o aspecto de um país conquistado pelo inimigo". Um "espetáculo original e bizarro", observou o escritor e jornalista. Segundo outra testemunha, a indumentária e o colorido da soldadesca gaúcha davam "aspectos carnavalescos" ao Rio.

A população carioca também aderiu à moda revolucionária. O jornalista Carlos Heitor Cony recordou mais tarde que "o povo do Rio de Janeiro ficou assanhadíssimo", saindo às ruas vestindo a cor das fardas militares e exibindo lenço vermelho no pescoço. Não foram poucos também os que se mobilizaram para incendiar as repartições do governo e empastelar as sedes de empresas jornalísticas, como a do jornal

Crítica.[20] O noticiário pertencente a Mário Rodrigues, o mesmo do caso das cartas falsas de Artur Bernardes, havia feito campanha em favor de Júlio Prestes e publicado uma série de matérias desdenhosas sobre o líder aliancista — em uma edição recente, havia chamado Vargas de "o anticristo do rabo de porca". Por meio do vice-presidente Fernando de Melo Viana, Rodrigues ganhara "farta verba" do governo para tal. O que não deixa de ser curioso é que fora o próprio jornalista, por meio do jornal *A Manhã*, que lançara a ideia da candidatura de Vargas no ano anterior.[21] Os filhos de Mário Rodrigues também foram hostilizados e escaparam por pouco do linchamento — mais tarde, Mário Filho revolucionaria a crítica esportiva e popularizaria a expressão "Fla-Flu", além de batizar o maior estádio de futebol do país, o Maracanã; e Nelson Rodrigues, seu filho, viria a se transformar em um dos maiores cronistas do Brasil.

Além do *Crítica*, que fechou para nunca mais abrir, *A Noite*, o *Jornal do Brasil*, *A Notícia*, *Vanguarda*, *O Malho* e a *Gazeta de Notícias* tiveram as redações e oficinas invadidas e empasteladas — os jornais *O Globo* e os pertencentes ao grupo dirigido por Chatô escaparam da destruição por terem apoiado a Aliança Liberal. Vidraças foram apedrejadas, prensas foram destruídas a golpes de cano de ferro, gavetas com tipos foram jogadas para o alto e espalhadas pelas ruas, assim como máquinas de escrever, fichários, mesas, cadeiras e bobinas de papel. Edições inteiras foram atiradas no fogo. O majestoso edifício onde funcionava *O País*, na esquina da avenida Rio Branco com a Sete de Setembro, foi incendiado.

O mesmo ocorreu na capital paulista, onde lojas foram depredadas e saqueadas. Os jornais *Correio Paulistano*, *A Gazeta*, *São Paulo Jornal*, *Fanfula* e *Il Piccolo*, entre outros, que defendiam o governo federal e haviam manifestado apoio a Júlio Prestes, tiveram as sedes invadidas e destruídas. Na sede do *Correio Paulistano*, órgão do Partido Republicano Paulista, toda a mobília e até um piano de cauda foi atirado à rua por populares. As redações da *Folha da Manhã* e da *Folha da Tarde*, jornais que dariam origem à *Folha de S.Paulo*, também foram empasteladas. O *Estado de S. Paulo*, que apoiava o novo governo, foi poupado.

3 DE NOVEMBRO

Em 3 de novembro, às quatro horas da tarde, a Junta Governativa Provisória entregou o governo a Getúlio Vargas. Pela primeira vez na história do Brasil, um movimento inteiramente gestado, articulado e posto em prática na periferia do poder central alcançava o comando do país.

O Catete mal pôde conter o número de presentes para a cerimônia, realizada no salão Nobre, no segundo andar do palácio. No salão Pompeano, foram acomodadas as autoridades militares ligadas ao Exército, enquanto os oficiais da Marinha foram acolhidos no salão Amarelo e os da Polícia Militar, no salão Mourisco. Do lado de fora, uma multidão era mantida afastada pelo cordão de isolamento, enquanto um batalhão do Terceiro Regimento de Infantaria, com fardamento em branco, perfilava diante da entrada sob o comando do major Amado Mena Barreto e aviões faziam manobras sobre a sede da República. Após breve introdução, o general Tasso Fragoso passou a palavra ao novo presidente.

No discurso, já sem o uniforme militar, de terno preto, abotoaduras e gravata, Vargas declarou que assumia provisoriamente o governo da República "como delegado da Revolução, em nome do Exército, da Marinha e do povo brasileiros". Tinha como metas conceder anistia, "sanear o ambiente moral da pátria", melhorar o ensino público, nomear comissões de sindicância contra crimes financeiros, modernizar as Forças

Armadas, fazer uma reforma eleitoral e "desmontar a máquina do filhotismo parasitário" (o funcionalismo público), cortar despesas, incentivar a produção agrícola e a policultura, promover "sem violência" a extinção progressiva do latifúndio, aumentar o número de estradas de rodagem e ferrovias e rever o sistema tributário. Falou das prioridades, mas em momento algum mencionou a convocação de uma Assembleia Constituinte.[22]

Concluída a cerimônia, simples e sem exigências protocolares segundo a imprensa da época, o recém-empossado presidente se dirigiu até a sacada, observou a evolução do Terceiro Regimento de Infantaria, recebeu a saudação dos populares e retirou-se. Desceu para o salão dos Despachos, no primeiro andar, e apresentou seus ministros.

O primeiro ministério seria formado inteiramente pelos principais nomes da revolução. Oswaldo Aranha ficou com a pasta da Justiça e Negócios Interiores. Assis Brasil recebeu a pasta da Agricultura e Juarez Távora, a de Viação e Obras Públicas — que logo seria ocupada por José Américo de Almeida. Afrânio de Melo Franco foi nomeado para o Ministério das Relações Exteriores, cargo que já ocupava por indicação da Junta Governativa, e José Maria Whitaker, para o da Fazenda. As pastas militares, Guerra e Marinha, ficaram com o general José Fernandes Leite de Castro e o contra-almirante Isaías de Noronha. Batista Luzardo recebeu a Chefia de Polícia. Nas semanas seguintes, seriam criados dois novos ministérios, o da Educação e Saúde Pública e o do Trabalho, Indústria e Comércio, sob as direções de Francisco Campos e Lindolfo Collor, respectivamente.

O presidente tinha "planos grandiosos de reconstrução nacional", mas ninguém, naquele momento, imaginava que isso incluiria o fechamento do Congresso Nacional — um "viveiro de parasitas", cheio de corrupção, ignorância e servilismo, segundo afirmara Juarez Távora — e a suspensão da Constituição oito dias depois da posse.

Estava encerrada a República Velha. Para os vencedores de 1930, nascia uma "nova República". Para a história, tinha início o período de quinze anos que ficaria conhecido como Era Vargas.

NOTAS

1 | Muitas obras indicam como data de partida do comboio o sábado, dia 11, entre elas a consagrada biografia *Getúlio*, escrita por Lira Neto. No entanto, tanto os jornais da época consultados como as memórias de testemunhas oculares apontam para o domingo, dia 12. Ver relatos em Vianna Moog, "Episódios revolucionários", *Simpósio sobre a Revolução de 30*, p. 532; João Neves da Fontoura, *Memórias*, vol.2, p. 443; Hemeroteca da BN, *Estado do Rio Grande*, 13 out 1930, p. 8.

2 | Rubens Araujo, *Os Vargas*, p. 218.

3 | Luiz Vergara, *Fui secretário de Getúlio Vargas*, p. 56; Moacir Simões, *Brigada Militar*, p. 191.

4 | Lira Neto, *Getúlio (1882-1930)*, pp. 493-4.

5 | João Neves da Fontoura, *Memórias*, vol.2, p. 436.

6 | Erico Verissimo, *Solo de clarineta*, p. 228.

7 | Ivo Caggiani, *João Francisco, a Hiena do Cati*, pp. 172-5.

8 | Rodrigo Trespach, *Histórias não (ou mal) contadas – Revoltas, golpes e revoluções no Brasil*, pp. 139-40.

9 | Hélio dos Santos, *As batalhas de Itararé*, p. 95.

10 | João Neves da Fontoura, *Memórias*, vol.2, p. 446.

11 | Lauro Schirmer, *Flores da Cunha de corpo inteiro*, p. 83.

12 | Hélio dos Santos, *As batalhas de Itararé*, p. 83; Hélio Silva, *1930, a revolução traída*, pp. 218-20.

13 | João Neves da Fontoura, *Memórias*, vol.2, pp. 454-5.

14 | Hélio Silva e Maria Cecília Carneiro, "Washington Luís", *Os presidentes*, p. 141.

15 | Mary del Priore, *Histórias da gente brasileira: República – Memórias (1889-1950)*, p. 79.

16 | Getúlio Vargas, *Diário*, vol. 1, p. 20.

17 | Hemeroteca da BN, *Correio da Manhã*, 1º nov 1930, capa e p. 3.

18 | Rubens Araujo, *Os Vargas*, pp. 107-8; Lauro Schirmer, *Flores da Cunha de corpo inteiro*, p. 80; Franklin Martins, *Quem foi que inventou o Brasil?*, p. 149.

19 | Fernando Morais, *Chatô*, p. 252.

20 | Mary del Priore, *Histórias da gente brasileira: República – Memórias (1889-1950)*, p. 79.

21 | Ruy Castro, *O anjo pornográfico*, p. 81.

22 | Hemeroteca da BN, *Correio da Manhã*, 4 nov 1930, capa.

7.
O GOVERNO PROVISÓRIO, A GUERRA PAULISTA E A NOVA CONSTITUIÇÃO (1930–4)

Vitoriosa a revolução, Washington Luís foi enviado para a Europa na condição de exilado político. A República tinha agora uma nova cara. E a moda do cavanhaque, traço marcante do presidente deposto, deu lugar ao rosto raspado, hábito tanto de Vargas quanto dos principais líderes da revolução. O compositor mineiro Ari Barroso — que no final daquela mesma década comporia "Aquarela do Brasil" — criou até uma marchinha: "Antigamente todo mundo admirava/ Cavanhaque, cavanhaque.../ Dava imponência, era importante e enfeitava/ Cavanhaque, cavanhaque.../ Não pode, não pode/ Quem tem cavanhaque é bode".[1]

Enquanto o ex-mandatário do país seguia para o Velho Mundo, o novo tentava organizar o governo e se equilibrar em meio a tantos interesses discordantes. O primeiro problema enfrentado foi organizar o próprio governo, gerenciado até ali na mais completa anarquia administrativa. Chegando ao Catete, Vargas encontrou o caos. "Não encontramos na presidência da República qualquer coisa que parecesse organização de serviço", recordou Luiz Vergara, secretário de Vargas e parte de sua equipe, composta ainda de Simões Lopes e Walder Sarmanho. Não havia nem livros de registros: os despachos eram emitidos, iam e voltavam dos ministérios e nada era anotado. Os fichários estavam desatualizados e os memoriais e requerimentos, incompletos.

CENTRALIZAÇÃO DO PODER

Contrabalançar as divergências era mais complexo. O historiador Boris Fausto resumiu a situação: "A Revolução de 1930 foi produto de vários grupos sociais cujos valores e objetivos diferiam enormemente: oligarquias dissidentes, setores da classe média urbana e quadros intermediários do Exército".[2] A divisão mais evidente, claro, ficou por conta das disputas entre as oligarquias e os tenentes.

Não obstante quase todos os apoiadores da revolução tivessem exercido funções militares, no comando de tropas ou no planejamento tático das ações, parte deles logo voltou às atividades civis. Mas os chamados "tenentes" continuaram portando armas e não estavam dispostos a perder o lugar duramente conquistado após quase uma década de luta, entregando o poder a revolucionários civis ou, pior, à antiga casta dominante.

O decreto n° 19.398, datado de 11 de novembro de 1930, concedia a Vargas poder discricionário. Ele assumiu o Executivo do país e, com o fechamento do Congresso Nacional e de todos os legislativos estaduais e municipais, também o poder para legislar. Como anotou em seu diário, tinha "poderes ditatoriais". Teve início um processo de centralização. Com exceção de Olegário Maciel, de Minas Gerais, todos os governadores, chamados na época de presidentes, foram exonerados. No lugar deles, Vargas colocou interventores federais. No ano seguinte, impôs o Código dos Interventores, estabelecendo as normas de subordinação destes ao governo federal. Os estados foram proibidos de contrair empréstimos externos sem autorização do Catete e de equipar as polícias militares em proporção superior ao Exército. Vargas tinha a exata noção do quanto as forças públicas estaduais haviam participado das revoltas durante a década de 1920 e contribuído para a derrocada de Washington Luís. Também dava como certo que, se promovesse eleições, as elites regionais estruturadas durante a República Velha, ainda intactas, venceriam facilmente qualquer oposição. Primeiro, era preciso transformar o sistema político e consolidar um programa de reformas administrativas, políticas, econômicas e sociais.

Mas isso só seria possível, segundo a ótica dos tenentes, com um governo federal centralizado, forte e estável, que adotasse um programa de nacionalização das minas e dos recursos hídricos, dos meios de transporte e de comunicação, e a instalação da indústria siderúrgica; eliminasse o latifúndio mediante tributação ou confisco; e tivesse como representação política as associações profissionais. Era preciso que Vargas prolongasse seu governo provisório, adiasse a reconstitucionalização e se afastasse da ideia de democracia liberal. Góes Monteiro não recebeu um ministério, mas, como líder militar da revolução, gozava de prestígio junto ao presidente e passou a liderar o chamado Gabinete Negro, que se reunia quase que diariamente com Vargas para acertar as medidas a serem implementadas. Desse grupo, do qual faziam parte, entre outros, Oswaldo Aranha, Juarez Távora, João Alberto, José Américo e Plínio Casado, surgiria o Clube Três de Outubro. O jornalista Assis Chateaubriand achava que os tenentes acabariam empurrando Vargas para o nacionalismo e, pior, para a esquerda. "Esses meninos pensam que são estadistas, mas ainda estão fedendo a mijo de cueiro", dizia ele.[3]

Como os tenentes formavam a base de sustentação do governo, não apenas por terem aderido à Aliança Liberal, mas, principalmente, por terem o poder militar, o presidente passaria a utilizar esse grupo como contrapeso a outro igualmente poderoso: as oligarquias estaduais. Duas regiões muitos distintas tiveram atenção especial, o Nordeste e São Paulo, que se mostraria uma pedra na bota de Vargas e palco de uma guerra civil. No Nordeste, muitos dos interventores nomeados para os estados eram militares, e o governo federal criou uma "delegacia regional do Norte" para gerenciar a região. Como delegado, foi nomeado Juarez Távora, líder da revolução nordestina e então chamado pela imprensa de "vice-rei do Norte". Cordeiro de Farias, em entrevista muitas décadas depois, observou que o ardor cívico e a indignação política e moral dos jovens eram "qualidades muito sadias, mas perigosas".

A própria anistia dada aos militares que haviam participado das revoluções da década de 1920 agravara as tensões dentro do Exército, divergente quanto a qual posicionamento tomar. Os tenentes estavam divididos entre "picolés" e "rabanetes" — eram chamados de picolés os quase trezentos oficiais subalternos que haviam participado da Revolução de 1922, sido expulsos da Escola Militar e reintegrados aos quadros do Exército como segundos-tenentes com a vitória de Vargas; rabanetes eram todos aqueles que haviam ficado de fora dos levantes revolucionários, "vermelhos por fora e brancos por dentro".[4]

Com a subida dos tenentes ao poder, Humberto Campos vaticinou: "Aos homens do dia sobram boa vontade e patriotismo. Mas faltam, infelizmente, inteligência e cultura, sem as quais a obra humana terá, fatalmente, o cunho da mediocridade e do ridículo".[5]

Nesse ínterim, o governo também seguia um planejamento econômico baseado no intervencionismo estatal, que primava pela centralização e a eficiência administrativa e técnica. Para tal, foram criados órgãos e institutos federais que controlariam as atividades do mercado, como o Instituto do Cacau e o do Açúcar e do Álcool — para incentivar a produção canavieira, ficou estabelecida, por decreto, a adição de 5% de álcool nacional à gasolina, obrigando os distribuidores a comprar o produto brasileiro. O governo também não abandonou os cafeeiros que haviam definido os rumos do país durante as últimas três décadas, mas tomou para si o controle das ações. O poder do Instituto do Café do Estado de São Paulo foi transferido para o Conselho Nacional do Café — depois transformado em Departamento Nacional do Café, cujos diretores eram nomeados pelo ministro da Fazenda, embora atendesse aos interesses dos cafeicultores. Naquele momento, a situação econômica do país era grave: o café brasileiro não encontrava compradores no mercado externo, atingido enormemente pela crise de 1929. Em julho de 1931, o governo começou a comprar, com a receita do imposto de exportação, o café estocado e destruir uma parcela do produto. Entre 1931 e 1935, mais de 30 milhões de sacos foram destruídos e ainda assim o café continuava desvalorizando. A exportação caíra de 9,5 milhões de sacas para 6,9 milhões.[6] Em 1932, foram estabelecidas contas de produção e o plantio do café foi proibido. A destruição de café só acabaria em 1944. Depois de treze anos, mais de 78 milhões de sacas, o consumo mundial de três anos, haviam sido eliminadas. Para demonstrar austeridade e comprometimento, Vargas também reduziu o salário presidencial, que ao tempo de Washington Luís era de 240 contos de réis anuais, pela metade.

Depois de ter certeza de que o movimento revolucionário não tinha viés comunista, embora o presidente não nutrisse pela Igreja católica os melhores sentimentos, a instituição se alinhou ao novo regime e conseguiu garantir medidas importantes em seu favor, entre as quais o ensino religioso na escola pública. O "acordo" foi selado em outubro de 1931, quando o presidente participou da inauguração da estátua do Cristo Redentor ao lado do cardeal dom Sebastião Leme.

Os novos rumos da educação foram entregues a dois mineiros. Primeiro a Francisco Campos, ministro entre 1930 e 1932, e depois a Gustavo Capanema, entre 1934 e 1945. Também a educação tinha orientação centralizadora e Campos apostou nos ensinos secundário e universitário. Embora valorizasse a hierarquia e o conservadorismo de influência católica, estava longe de se aproximar do nazifascismo, como se diria mais tarde. Como em outras áreas do governo, era uma "postura autoritária e não fascista", observou o historiador Boris Fausto.[7] No ensino superior, investiu-se na criação de universidades e no desenvolvimento de pesquisa científica. Quanto à escola secundária, a reforma foi maior, já que era quase inexistente. Foram estabelecidos o currículo seriado e o ensino em dois ciclos, a frequência passou a ser obrigatória e o diploma secundário começou a ser exigido para ingresso no ensino superior. Permaneceram, porém, disputas anteriores a 1930. Pensadores liberais acreditavam que o ensino deveria ser público, gratuito e sem distinção de gênero, enquanto os ligados à Igreja católica valorizavam o ensino privado, religioso e com distinção entre homens e mulheres. Em 1933, o primeiro grupo lançou o *Manifesto dos pioneiros da Escola Nova*, que atacou os precários métodos do ensino brasileiro e defendeu a autonomia técnica e administrativa do sistema escolar, que devia ser adequado às peculiaridades de cada região do país, contando, porém, com um currículo básico comum. Entre os 26 intelectuais "reformadores" que assinaram o manifesto estavam nomes como Fernando de Azevedo, Anísio Teixeira, Lourenço Filho, Cecília Meireles e Roquette-Pinto, que acreditavam em uma escola única, com uma educação igual e comum, aberta tanto a meninos quanto a meninas entre 7 e 15 anos — uma "Nova Escola".

A REVOLUÇÃO CONSTITUCIONALISTA (1932)

Ainda distribuindo favores aos vitoriosos da Revolução de Outubro, Vargas nomeou como interventores federais nos estados todos aqueles que não haviam recebido cargos nos ministérios. O general Flores da Cunha tornou-se interventor do Rio Grande do Sul, o tenente Juracy Magalhães foi indicado para a Bahia, o tenente-coronel Arnoldo Mancebo, para Santa Catarina e o general Mário Alves Monteiro, pai do chefe revolucionário paranaense major Plínio Tourinho, para o Paraná. Plínio Casado recebeu o Rio de Janeiro e Carlos de Lima Cavalcanti, Pernambuco. Todos eles tinham alguma ligação com as políticas estaduais, menos o indicado para São Paulo. Hastínfilo de Moura, que substituiu Heitor Penteado, era maranhense. Moura durou quatro dias, sendo sucedido por José Maria Whitaker, Plínio Barreto e, finalmente, pelo tenente pernambucano João Alberto Lins de Barros, então delegado militar da revolução no estado. A escolha de um militar não paulista contrariou os dirigentes do Partido Democrático que haviam dado apoio à Aliança Liberal.

O curto governo de João Alberto seria marcado por uma série de confrontos com as elites rurais e urbanas do estado e até com a classe média e a população mais pobre. O ex-combatente da Coluna Prestes não tinha ideologia definida. Simpático às reformas sociais, autorizou o funcionamento do

Partido Comunista do Brasil, adotou o confisco de bens e a distribuição das propriedades dos endividados com o governo, estimulou as greves e os sindicatos, ordenou o aumento salarial de 5% aos operários e a redução da jornada de trabalho para quarenta horas semanais, ameaçando fechar as fábricas que não obedecessem. Ao mesmo tempo, declarava que era preciso "transformar todos esses palácios paulistas em quartéis".[8] Criou, junto com Miguel Costa e Plínio Salgado, a Legião Revolucionária, destinada a garantir a realização das reformas tenentistas mobilizando as massas em torno do governo, reprimiu protestos de trabalhadores, fechou jornais de oposição e aliou-se a setores da direita. Não demorou para que a insatisfação com o interventor, chamado de "forasteiro" pelos paulistas, resultasse em revoltas. Em abril de 1931, parte da Força Pública se rebelou e quase derrubou João Alberto. Em represália, mais de duzentos revoltosos foram presos e os oficiais, enviados para outras regiões do país. O general Isidoro Lopes, que apoiara discretamente o levante, deixou o comando da Segunda Região Militar, sendo substituído por Góes Monteiro. As medidas não alteraram a situação e, em julho, João Alberto renunciou. Vargas empossou, então, Laudo Ferreira de Camargo. Mesmo sendo civil e paulista, Camargo também não durou muito tempo. Em novembro foi nomeado para seu lugar o general fluminense Manuel Rabelo Mendes.

A essa altura, em vários estados do país, surgiam movimentos contrários ao Governo Provisório. No Rio Grande do Sul, em Santa Catarina, no Paraná, em Minas Gerais, no Distrito Federal e em Pernambuco, onde um batalhão do Exército distribuíra armas à população e tentara derrubar o interventor, havia inquietações.

Em janeiro de 1932, durante as comemorações do aniversário de São Paulo, um comício em favor da convocação de uma Constituinte levou 100 mil pessoas à praça da Sé. Um dos líderes civis da organização, o diretor do jornal *O Estado de S. Paulo*, Júlio Mesquita Filho, declarou que o império da lei e da justiça só seriam restabelecidos quando São Paulo voltasse a ser "o líder insubstituível da nação". No mês seguinte, o Partido Republicano Paulista e o Partido Democrático, agremiações rivais, formaram uma Frente Única Paulista contra o governo Vargas. A Associação Comercial de São Paulo também manifestou apoio à causa democrática.

Na noite de 25 de fevereiro, a redação do jornal *Diário Carioca*, no Rio, crítico feroz do Governo Provisório, foi atacada, suas oficinas, destruídas a golpes de machado e vários funcionários ficaram feridos. O atentado foi atribuído a membros do Clube Três de Outubro, formado por apoiadores de Vargas. Em vários estados, surgiram vozes contra o governo. No próprio círculo do presidente houve um cisma. Antigos amigos e colaboradores se afastaram de Vargas. Assis Brasil pediu demissão do Ministério da Agricultura, Lindolfo Collor deixou o Ministério do Trabalho, Maurício Cardoso, o da Justiça, João Neves, a consultoria jurídica do Banco do Brasil e Batista Luzardo, a Chefia de Polícia do Distrito Federal. Em carta a Vargas, Collor afirmava que "se me fosse dito que a Revolução se faria precisamente para manietar e sufocar essa liberdade que é a pedra angular das sociedades organizadas, eu não teria sido, como fui, um dos elementos mais decisivos na conspiração que deflagrou o movimento de 3 de outubro".[9] João Neves, que fora o principal articulador da Aliança Liberal, não apenas deixou de prestar apoio ao presidente como também escreveu um manifesto antigetulista — pouco depois transformado em livro, *Eu acuso*. Mais tarde, já no período democrático, ele reataria com Vargas, de quem seria ministro. Mas, naquele momento, ele seria um dos líderes do grupo dissidente que retornaria ao Rio Grande do Sul para, junto com Borges de Medeiros, tramar contra o velho amigo e ex-aliado.

Em Minas Gerais, o ex-presidente Artur Bernardes também organizava oposição ao governo federal.

Para tentar acalmar os ânimos, em março, Vargas nomeou interventor de São Paulo Pedro Manuel de Toledo, civil e paulista, o sexto ocupante do cargo em menos de dois anos. Mas as lideranças da Frente Única Paulista não aceitaram de bom grado a indicação do idoso embaixador como governante. Por precaução, Toledo indicou paulistas para a composição do governo, deixando nos postos militares Miguel Costa, com a Força Pública, o major Cordeiro de Farias, na chefia de Polícia, e Góes Monteiro, como comandante da Segunda Região Militar. Miguel Costa e Góes Monteiro, porém, não se entendiam mais como em outubro de 1930. O primeiro chegou a afirmar que a revolução estava "falida".

Ao longo do mês de maio, greves começaram a paralisar vários setores do país. Os ferroviários, primeiros a fazer paralisação, foram seguidos por sapateiros, garçons, cozinheiros e trabalhadores da construção civil. No dia 11, cerca de 30 mil operários cruzaram os braços nas fábricas. O Governo Provisório temeu pela desobediência civil generalizada. Góes Monteiro idealizou um plano de repressão radical, mas Vargas preferiu o caminho diplomático, fazendo o Ministério do Trabalho aprovar uma série de medidas sociais. A greve arrefeceu e o presidente fez publicar um decreto fixando para maio do ano seguinte a criação de uma comissão que tinha como objetivo preparar o anteprojeto da futura Constituição.

No dia 23 de maio, durante um comício contra o Governo Provisório, manifestantes depredaram os jornais *Correio da Tarde* e *A Razão*, legalistas, e um grupo de estudantes invadiu a sede da rádio Record, na praça da República, obrigando o locutor a ler um manifesto. Houve confronto com membros da Legião Revolucionária, e a sede do Partido Popular Paulista foi cercada e incendiada. Na tentativa de invasão do local, um bonde foi retirado dos trilhos para servir de trincheira e houve disparos de fuzis. O saldo foi de dezessete feridos e quatro mortos.[10] O nome dos jovens mortos daria origem ao acrônimo "MMDC", de Martins, Miragaia, Dráusio e Camargo, que rebatizaria uma organização clandestina chamada inicialmente de Guarda Paulista, na qual se reuniram as lideranças paulistas, intelectuais, jornalistas, empresários e membros do Partido Republicano Paulista e do Partido Democrático. A organização reuniu rapidamente milhares de voluntários, espalhados em comitês por mais de cem cidades paulistas e dispostos a ir à guerra pela autonomia de São Paulo, por uma Constituição e contra Getúlio Vargas. Entre os principais líderes militares que articulavam a revolta estavam o general Bertoldo Klinger, comandante da Sexta Circunscrição Militar, em Mato Grosso, o general Isidoro Dias Lopes e o coronel Euclides Figueiredo, ambos ligados à Frente Única Paulista. Curiosamente, nenhum dos três era paulista.

No dia 9 de julho, a revolução estourou. Com raras exceções, as guarnições do Exército aderiram de imediato ao movimento. O interventor, contrário à luta armada, ameaçou renunciar e enviou a Vargas uma mensagem lamentando não ter conseguido evitar a rebelião. Foi convencido pelos revolucionários, no entanto, a permanecer no cargo como líder civil da revolta. No dia seguinte, tal como havia feito em 1930, quando anotou em seu diário que preferia a morte à desonra da derrota, Vargas se preparou para o pior e escreveu um bilhete suicida. Mais uma vez, no entanto, ele sairia vitorioso. Gaúchos e mineiros não se levantaram em peso contra o governo, como fora previsto. Embora tivesse prometido seguir com o Rio Grande para o "despenhadeiro contra a ditadura", o general Flores da Cunha permaneceu fiel a Vargas, dando combate à Frente Única Gaúcha que, por fim, desmoronou em setembro, quando Borges de Medeiros foi feito prisioneiro em Cerro Alegre.

A chance de vitória dos paulistas recaía sobre um ataque direto e fulminante ao Rio de Janeiro, o que desde o início se mostrou impossível sem apoio externo. Com receio de ter sua retaguarda cortada por forças leais ao governo em Minas Gerais, o exército revolucionário paulistano manteve-se quase que estático, optando por uma guerra de desgaste e sem chances de vitória. A Marinha bloqueou o porto de Santos, enquanto do sul forças leais a Vargas forçavam passagem pela linha Buri, Capão Bonito, Itapetininga e Sorocaba após terem passado por Itararé, onde, em 1930, a batalha fora interrompida antes mesmo de começar. De Minas, os legalistas avançavam por Ribeirão Preto, Guaxupé, Ouro Fino, Passa Quatro e Cruzeiro, ao mesmo tempo que Góes Monteiro, comandante do Exército do Governo Provisório, esmagava as forças paulistas no vale do Paraíba. Cercado, restou ao estado resistir. A população, sobretudo na capital, se mobilizou. Milhares de civis se alistaram como voluntários, incluindo estudantes das universidades. As mulheres também contribuíram. Aproximadamente 72 mil delas atuaram como voluntárias da Cruz Vermelha ou em outras frentes. Em pouco tempo, 740 engenheiros e 340 técnicos auxiliares ajudaram as fábricas a se adaptarem à indústria de guerra. Armas e munições foram improvisadas e trens e automóveis, encouraçados, bombas, morteiros, granadas de mão, lança-chamas, máscara contra gases e até a "matraca", instrumento que imitava o som das metralhadoras e causava pânico nas linhas inimigas, foram desenvolvidos por engenheiros voluntários da Escola Politécnica de São Paulo.[11] As mulheres paulistas também foram militantes ativas. Durante a campanha "Ouro pelo bem de São Paulo", cerca de 90 mil alianças de casamento e outras dezenas de milhares de joias foram doadas para financiar o esforço de guerra.[12]

O entusiasmo e o fervor patriótico — que ganhou ares de guerra separatista e pode ser resumido pelo brado "Por São Paulo com o Brasil, se for possível; por São Paulo contra o

Brasil, se for preciso!" —, porém, de nada adiantaram contra forças militares muito superiores.

As tropas legalistas eram estimadas em 350 mil soldados, enquanto por São Paulo havia 60 mil voluntários.[13] Só na frente de batalha da região Sul, o Exército de Vargas contava com 20 mil homens contra 9 mil constitucionalistas. O armamento na área também era desproporcional. Os paulistas tinham uma arma para cada cinquenta soldados, e quatro canhões de 37 e 75 mm e lutavam contra uma força que dispunha de uma arma para cada três soldados e cem canhões de 75 e 105 mm. Em todas as frentes, a aviação governista contava com mais de vinte aviões militares, enquanto a paulista tinha apenas sete aeronaves civis adaptadas.

No fim de outubro, o coronel Eurico Gaspar Dutra ameaçava Campinas, enquanto a frente sul desmoronava. A Força Pública rendeu-se, sendo seguida por várias outras unidades. Diante da inutilidade de continuar lutando, o general Klinger pediu a paz ao general Góes Monteiro. Em 1º de outubro, São Paulo assinou a rendição. A chamada Revolução Constitucionalista de 1932, ou Guerra Paulista, durou 85 dias, tendo como saldo 15 mil feridos e mutilados de guerra e mais de mil mortos, dos quais 634 constitucionalistas.

Debelada a revolta, os principais implicados foram presos e tiveram seus direitos cassados. O diretor dos *Diários Associados*, Assis Chateaubriand, foi encarcerado na Casa de Correção, no Rio de Janeiro. Com ele, estavam os jornalistas Cásper Líbero e Júlio Mesquita Filho, o presidente da Associação Comercial Carlos Nazareth, o promotor Ibrahim Nobre e o chefe de polícia Thyrso Martins, entre outros. Para Portugal, foram deportados 48 oficiais do Exército, três oficiais da Força Pública e 53 civis, entre políticos e intelectuais. Entre os militares estavam Isidoro Dias, Bertoldo Klinger e Euclides Figueiredo. Vargas vencera a primeira oposição mais grave ao seu governo. Haveria outras.

O MINISTÉRIO DA REVOLUÇÃO E O CÓDIGO ELEITORAL

Getúlio Vargas foi o primeiro político brasileiro a buscar na aproximação com o povo a legitimação de seu poder. Como havia prometido em sua posse, uma de suas primeiras medidas foi a criação do Ministério do Trabalho, Indústria e Comércio, o "Ministério da Revolução", como se referiu a ele Lindolfo Collor, primeiro ocupante da pasta.

O novo ministério tinha por objetivo interferir e regular as relações entre empresários e trabalhadores, um assunto que até então era da alçada do Ministério da Agricultura e com o qual os governos pouco se importaram durante a República Velha. Na verdade, era tratado com mais ênfase em alguns estados, como São Paulo, onde a indústria começara a despontar em meados da década de 1910. Entre defensores de projetos ligados à legislação trabalhista, despontaram os deputados Maurício de Lacerda e Nicanor Nascimento. Já em 1917, Lacerda havia solicitado à Comissão de Constituição e Justiça da Câmara a elaboração de um projeto de "Código do Trabalho", semelhante em muitos pontos ao que viria a ser promulgado pelo ministério de Vargas. Dele seria também o projeto de criação do Departamento Nacional do Trabalho, uma reorganização da Diretoria do Serviço de Povoamento da pasta da Agricultura.[14]

Para organizar o Ministério do Trabalho, Lindolfo Collor contou com colaboradores experientes em questões trabalhistas, como Joaquim Pimenta e Evaristo de Morais Filho, ligados às organizações sindicais, Jorge Street, empresário que se notabilizara por defender o direito à greve dos trabalhadores, e técnicos como Waldir Niemeyer e Oliveira Viana. Do Ministério da Revolução, surgiu o reconhecimento das entidades sindicais, a regulamentação da jornada de trabalho de oito horas diárias e do trabalho infantil e das mulheres, a concessão de férias anuais remuneradas e o direito ao descanso às gestantes, antes e depois do parto, assegurando à mãe um auxílio correspondente às suas necessidades básicas, além da garantia da manutenção do emprego. "Esse alemão maluco está querendo fazer leis trabalhistas que vão provocar entre nós a luta de classes", disparou Flores da Cunha sobre o trabalho de Collor.[15] Os movimentos operários de esquerda, porém, não acordaram facilmente com as mudanças. O sindicato era, então, definido como um órgão consultivo e de colaboração com o poder público, e apenas um sindicato poderia representar cada categoria. A legalidade do sindicato dependia, assim, do reconhecimento do Estado, ao qual era permitida a fiscalização das ações e de uma série de normas. Por pressão do Estado e da própria base social, as organizações operárias acabaram cedendo e aceitando a legalização.

Em meio às agitações grevistas pré-Revolução de 1932, Lindolfo Collor deixou o ministério, assumindo a pasta outro gaúcho, Joaquim Pedro Salgado Filho, que instituiu a carteira profissional e os Institutos de Aposentadoria e Pensões — primeiro o dos marítimos e, em seguida, os dos comerciários, bancários, industriários, servidores do estado e vários outros. Era uma revolução no tratamento dado à questão previdenciária no país. Mas, como o governo ainda era provisório e não havia uma Constituição, tudo era posto em prática por meio de decretos. Os direitos trabalhistas seriam ampliados e garantidos por força de lei só a partir de 1934, com a nova Constituição.

O reconhecimento de leis trabalhistas foi um marco, mas a regulamentação das eleições talvez tenha sido o maior avanço alcançado pela Revolução de 1930. Acabar com a fraude eleitoral e as "degolas" e instituir o voto secreto e universal foi uma das bandeiras levantadas pela Aliança Liberal, um clamor tanto de intelectuais quanto de tenentistas desde os levantes do início da década de 1920.

Um dos grandes defensores da reforma eleitoral durante a República Velha foi João Francisco de Assis Brasil, autor do livro *Democracia representativa*, publicado em 1895. Muitas das exposições do político gaúcho, que lutou quase uma vida inteira contra as muitas reeleições de Borges de Medeiros, serviram de base para a criação do Código Eleitoral, elaborado por uma comissão nomeada pelo ministro da Justiça, o rio-grandense Maurício Cardoso. Instituído pelo decreto nº 21.076, em 24 de fevereiro de 1932, o Código Eleitoral regulava o alistamento dos eleitores no âmbito nacional, estadual e municipal, estabelecia o voto secreto e universal aos brasileiros alfabetizados, permitia o voto feminino, a representação proporcional e, talvez o ponto mais importante, retirava do Legislativo o controle sobre o processo eleitoral, criando para isso a Justiça Eleitoral — o que eliminou a chaga das "degolas". Três meses depois, seria criado o Tribunal Superior Eleitoral, o TSE.

Em 1933, a mulher brasileira votou e foi votada pela primeira vez em âmbito nacional — mas era ainda uma minoria, já que o analfabetismo atingia cerca de 60% dos brasileiros nessa época. A advogada negra Almerinda Farias Gama foi a única delegada-eleitora, representante classista, na Assembleia Nacional Constituinte daquele ano, e a médica paulista Carlota Pereira de Queiróz teve a primazia de ser eleita deputada federal na mesma ocasião. Como voluntária na Revolução de 1932, Queiróz havia liderado um grupo de setecentas mulheres que prestava auxílio aos feridos.

Nas eleições de 1934, Maria do Céu Pereira Fernandes tornou-se a primeira mulher eleita deputada estadual, pelo Rio Grande do Norte. A florianopolitana Antonieta de Barros tornou-se a primeira mulher eleita deputada estadual por Santa Catarina. Jornalista e ativista contra a discriminação racial, Barros foi a primeira negra a exercer um cargo político no país. Naquele ano, outras seis mulheres foram eleitas no Brasil.

A CONSTITUIÇÃO DE 1934

Mesmo sufocada, a guerra civil em São Paulo serviu para forçar o presidente, então chefe de um governo provisório, a dar andamento à reconstitucionalização do país. Em 1933, Vargas nomeou um interventor "civil e paulista" para São Paulo, Armando de Salles Oliveira, ligado ao Partido Democrático e cunhado de Júlio Mesquita Filho, diretor do jornal *O Estado de S. Paulo* e uma das lideranças da Revolução Constitucionalista. Durante esse ano, diversos interventores tenentistas no Nordeste se demitiram. O movimento tenentista não alcançara a base popular almejada e perdera força dentro do Exército, onde havia ameaçado a hierarquia. Enquanto uma parte do grupo se aliaria a Vargas, outra acabaria aliando-se ao integralismo ou, principalmente, ao comunismo.

A campanha eleitoral para a Assembleia Nacional Constituinte mobilizou as forças políticas e populares, que se reorganizaram ou criaram um número grande de novos partidos. Todos, no entanto, tal como ocorria na República Velha, tinham alcance regional — com exceção do Partido Comunista do Brasil, na ilegalidade, e da Ação Integralista Brasileira, que tinham abrangência nacional.

Em 3 maio de 1933, já com a vigência do novo Código Eleitoral, mais de 1,2 milhão de brasileiros elegeram seus representantes. As urnas confirmaram a derrota do tenentismo e a volta ao poder das oligarquias estaduais. Em novembro, a Assembleia Constituinte foi instalada sob a liderança de Antônio Carlos, ex-governador de Minas Gerais e um dos líderes da Aliança Liberal. Quarenta representantes de sindicatos e

214 deputados trabalharam durante oito meses em uma nova Constituição, que foi finalmente promulgada no palácio Tiradentes, em 16 de julho de 1934. Segundo Humberto de Campos confidenciou ao seu diário, o dia estava "frio e cinzento". O que não impediu as celebrações. Enquanto a banda militar executava o Hino Nacional, em frente ao palácio, a artilharia saudava a nova Carta com uma salva de 21 tiros, o mesmo fazendo as fortalezas da barra.

O texto aprovado tinha vários aspectos novos em relação às cartas anteriores. Tratava da ordem econômica e social, da família, cultura e educação e da segurança nacional. Quanto à questão econômica, tinha viés nacionalista. Os dispositivos de caráter social asseguravam as últimas conquistas trabalhistas, como férias remuneradas, indenização por demissão sem justa causa, regulamentação do trabalho feminino e infantil e a equiparação de salário para o mesmo trabalho, independentemente de idade, sexo, nacionalidade ou estado civil. A educação primária passava a ser gratuita e de frequência obrigatória, sendo o ensino religioso facultativo. O tema segurança nacional aparecia pela primeira vez, e as questões relativas à matéria seriam analisadas por um Conselho Superior de Segurança Nacional dirigido por presidente, ministros e chefes militares.

O Brasil voltava a ser, ao menos no papel, um país democrático, não obstante muitos governistas terem demonstrado descontentamento com o fato. Afonso Arinos de Melo Franco, filho do ministro das Relações Exteriores, foi um dos que afirmou deplorar "a pilhéria do sufrágio universal", as "doutrinas democratescas" e a "rala água com açúcar do liberalismo flor de laranja". O ministro da Viação e o interventor da Bahia também eram favoráveis a uma "ditadura prolongada".

No dia seguinte, pelo voto indireto dos constituintes, Vargas foi eleito presidente do Brasil. Recebeu 175 votos contra 59 de Borges de Medeiros, seu padrinho político e agora desafeto. O general Góes Monteiro recebeu quatro votos e outros nove candidatos receberam um número menor. O mandato presidencial, segundo a Constituição, seria exercido até 1938, quando haveria eleições diretas para o cargo. Para amigos, Vargas teria dito: "Eu creio que serei o primeiro revisionista da Constituição". A profecia se cumpriria antes do tempo esperado.

NOTAS

1 | Franklin Martins, *Quem foi que inventou o Brasil?*, p. 163.

2 | Boris Fausto, "Brasil: estrutura social e política da Primeira República, 1889–1930", *História da América Latina*, p. 810.

3 | Fernando Morais, *Chatô*, p. 258.

4 | Aspásia Camargo e Walder de Góes, *Meio século de combate*, p. 198.

5 | Mary del Priore, *Histórias da gente brasileira: República – Memórias (1889-1950)*, p. 82

6 | Manoel de Andrade, *A Revolução de 30*, p. 74.

7 | Boris Fausto, *História do Brasil*, p. 337.

8 | Luiz Octavio de Lima, *1932*, p. 47.

9 | Alzira de Abreu, "Collor, Lindolfo", *Dicionário histórico-biográfico da Primeira República (1889-1930)*.

10 | Luiz Octavio de Lima, *1932*, p. 67.

11 | Glauco Carneiro, *História das revoluções brasileiras*, p. 331.

12 | Lilia Schwarcz e Heloisa Starling, *Brasil – uma biografia*, p. 365.

13 | Hernani Donato, *História da revolução constitucionalista de 1932*, pp. 132-4.

14 | Boris Fausto, *Trabalho urbano e conflito social*, pp. 255-6.

15 | Lauro Schirmer, *Flores da Cunha de corpo inteiro*, p. 201.

8.
A INTENTONA COMUNISTA, O INTEGRALISMO E O ESTADO NOVO (1935–45)

Enquanto os ex-integrantes da Coluna Prestes, como Juarez Távora, João Alberto, Cordeiro de Farias e Djalma Dutra, entre outros, se aliavam a Vargas para derrubar Washington Luís, em 1930, Prestes partia para Moscou. Era um general sem soldados. Na antiga capital russa, além do trabalho como engenheiro, dedicou-se ao estudo do marxismo-leninismo. Em 1934, entrou para o Partido Comunista do Brasil e foi o principal nome da esquerda brasileira a partir de então. A ordem de filiação foi dada por Dmitri Manuilski, dirigente do Komintern, em um telegrama curto, enviado da União Soviética para o Brasil. Em 1º de agosto de 1934, o jornal *A Classe Operária* publicou a notícia da adesão de Prestes ao Partido Comunista do Brasil. Cordeiro de Farias ficou estupefato; segundo ele, entre todos dentro do movimento tenentista, "Prestes era exatamente o mais anticomunista".[1]

Em Moscou, Prestes conheceu de perto o comunismo e sua primeira mulher, Olga Sarah Benário. Filha de um rico jurista judeu, Olga nasceu em 1908, em Munique, na Alemanha. Embora, em uma entrevista concedida a uma TV brasileira em 1988, Prestes tenha afirmado que Olga tinha "pouco sangue judeu", na verdade, toda a família tinha origem judaica[2] — inclusive, a mãe e o irmão de Olga morreriam em campos de concentração nazistas. Olga era o que se poderia chamar de comunista exemplar. Desde os 16 anos, influenciada principalmente por seu professor e amante Otto Braun, militava na Juventude Comunista alemã do distrito "vermelho" de Neukölln, em Berlim. Tornou-se popular nos círculos do Partido Comunista Alemão, em 1928, depois de participar da libertação de Braun da prisão de Moabit, na capital alemã. Refugiada em Moscou, iria se tornar dirigente da Internacional Comunista da Juventude, e pouco depois, do IV Departamento do Exército Vermelho, a Inteligência Externa, com destacado treinamento militar e atuação em diversos países europeus — exímia atiradora, sabia pilotar aviões e recebera instruções sobre saltos de paraquedas.

Apresentados por Manuilski às vésperas da viagem, Prestes e Olga partiram clandestinamente de Moscou em dezembro de 1934 com o objetivo de fomentar uma revolução comunista no Brasil. Com passaportes falsos, ele deixou a União Soviética como cidadão espanhol, sob o nome de Pedro Fernandez, e ela, como uma estudante russa chamada Olga Sinek. Para completar o disfarce, comportariam-se como um jovem casal rico em viagem de lua de mel. Casada com B. P. Nikitin, secretário do Komsomol, a organização da Juventude Comunista da União Soviética, Olga se decepcionou com a aparência de Prestes, relatou Fernando Morais em seu livro sobre a revolucionária alemã. "Ela esperava um gigante latino", escreveu, "achou-o um pouco franzino para alguém que comandara um exército por 25 mil quilômetros".[3] Prestes era mesmo baixinho, com cerca de 1,60 metro — a mesma altura de Vargas — e tinha uma cabeça enorme e desproporcional ao tronco pequeno. Olga, por sua vez, era quase uma gigante perto dele, com mais de 1,80 metro de altura. Além dos bonitos olhos azuis, ela tinha o porte atlético adquirido com os exercícios militares. Um contraste e tanto.

Ao chegarem a Paris, receberam, do cônsul português, novos passaportes. Agora, se passariam pelo português Antônio Vilar e pela alemã Maria Bergner. Dessa forma, seguiram em viagem transatlântica para Nova York a bordo do *Ville de Paris* — ocasião em que Prestes, aos 36 anos, enfim perdeu a virgindade. A viagem seguiu depois para Chile, Buenos Aires e Montevidéu, de onde se dirigiram até Florianópolis, Curitiba e São Paulo, antes de chegarem ao Rio de Janeiro. Na capital federal, alugaram uma casa em Ipanema e deram início aos preparativos para o levante que tinha como objetivo derrubar Vargas do poder e implantar um governo "revolucionário" e "anti-imperialista" no Brasil. O levante seria liderado por Prestes, que, além de Olga, contava com o apoio de um grupo de espiões, como o ex-deputado comunista alemão Artur Ewert e sua mulher, Elise Saborowsky, do argentino Ghioldi, que ele conhecera na Bolívia, do ucraniano Pavel Stuchevski e sua mulher, Sofia Semionova, do estadunidense Victor Barron, de outro alemão, Johnny de Graaf, e sua esposa de fachada, Helena Krüger, entre outros.

A INTENTONA COMUNISTA (1935)

A fundação da Aliança Nacional Libertadora, a ANL, em março de 1935, reuniu as mais diferentes tendências políticas descontentes com o governo Vargas, unificadas por um programa de conteúdo antifascista, anti-imperialista e reformista: nacionalização dos serviços públicos, suspensão do pagamento da dívida externa, reforma agrária, garantia de direitos e liberdades individuais e combate ao racismo. Entre os nomes principais do grupo estavam comunistas e "tenentes" como Miguel Costa, João Cabanas, Carlos Leite e Agildo Barata. Na sessão de instalação, no Teatro João Caetano, no Rio de Janeiro, o nome de Prestes foi entusiasticamente aclamado como presidente de honra da organização. No comício de 5 de julho de 1935, 13º aniversário dos Dezoito do Forte, um manifesto escrito pelo Cavaleiro da Esperança foi lido por um jovem de apenas 21 anos: Carlos Lacerda, membro da Juventude Comunista que mais tarde, durante as décadas de 1950 e 1960, transformaria a vida dos presidentes brasileiros em um inferno. Pela boca de Lacerda, Prestes proclamou: "Abaixo o fascismo! Abaixo o governo odioso de Vargas! Por um governo popular nacional revolucionário! Todo o poder à ANL!". As palavras subversivas serviram como motivo para que Vargas fechasse formalmente a Aliança Nacional Libertadora, em nome da segurança nacional, uma semana mais tarde.

Miguel Costa, que depois de apoiar Vargas na Revolução de 1930 deixara o governo, acusou Prestes de ser "pouco ou mal informado, supondo que o movimento da ANL tivesse tanto de profundidade como de extensão". "Tal ordem", afirmou, "só deveria ter sido dada quando o governo já se encontrasse na impossibilidade material de reagir. O contrário foi como atirar uma criança desarmada contra um elefante".[4] A posição radical assumida por Prestes afastou vários membros do movimento. No próprio Partido Comunista do Brasil, havia o temor de que o momento não fosse propício para uma revolta, que era considerada prematura — opinião de Cristiano Cordeiro, Heitor Ferreira Lima e João Batista Barreto Leite Filho. O medo era que tudo não passasse de uma quartelada, como de fato aconteceria. A contestação de Leite Filho lhe valeu a expulsão do partido.

Em agosto, durante a Sétima Internacional Comunista, em Moscou, o delegado brasileiro Fernando Lacerda apresentou um relatório favorável à ação da Aliança Nacional Libertadora. O Komintern, que tinha informações precárias sobre a realidade política brasileira, apostou tudo na experiência militar e na popularidade de Prestes. Com o aval da União Soviética, foram intensificados os preparativos para o levante brasileiro, que previa, numa primeira etapa, a instalação de um governo revolucionário sob a chefia de Prestes e, numa etapa posterior, a organização do governo do proletariado. Tudo seria financiado pela Internacional Comunista, que gastou pelo menos 25 mil dólares na operação — embora o grupo de Prestes no Brasil houvesse solicitado o dobro da quantia. Os gastos com o salário do Cavaleiro da Esperança, que era de 290 dólares, por um breve período chegaram a 845 dólares mensais. Uma pequena fortuna, equivalente a mais de vinte salários mínimos da época.[5]

A ideia parecia simples, mas Prestes estava enganado sobre a realidade do país. O Brasil não estava 90% pronto para a revolução, como ele chegou a afirmar. Em São Paulo, onde estava concentrada grande parte da indústria nacional, das 150 fábricas têxteis, os comunistas só tinham infiltrado células em cinco; dos 70 mil trabalhadores, apenas 38 eram comunistas; entre os 30 mil metalúrgicos, havia 25; e, dos 60 mil trabalhadores da construção civil, apenas quarenta.

Prestes não conhecia a realidade nem mesmo de sua equipe. Johnny de Graaf era um ferrenho anticomunista que trabalhava como agente duplo, infiltrado entre comunistas, para o serviço secreto britânico — era inimigo de Ewert desde a década de 1920, ainda na Alemanha. Ghioldi e Ewert eram contra a insurreição e contra a greve geral que deveria acontecer simultaneamente aos levantes. Sabiam que não havia nenhuma chance de sucesso. Mas Prestes alegou ter cartas na manga: "A Marinha de Guerra está comprometida comigo para tomar o poder". Era um delírio. De Graaf mantinha Alfred Hutt, superintendente da companhia de energia Light, no Rio de Janeiro, informado sobre todos os passos de Prestes e seus camaradas. Hutt, que servia ao MI6, a inteligência militar britânica, repassava as informações para o embaixador inglês, que fazia uma seleção e encaminhava o que considerava importante para Oswaldo Aranha, então embaixador de Vargas nos Estados Unidos. A ingenuidade e o despreparo dos líderes comunistas, aliados às informações repassadas por Johnny de Graaf ao governo de Vargas, transformaram as ações da Intentona Comunista em um fracasso completo.

Antecipando-se às ações e sem coordenação do Rio de Janeiro, o primeiro levante estourou no dia 23 de novembro, em Natal, no Rio Grande do Norte, no quartel do 21º Batalhão de Caçadores. Sem resistência, os comunistas chegaram a ocupar a cidade. Na madrugada seguinte, o 29º Batalhão de Caçadores sublevou-se na Vila Militar, em Jaboatão dos Guararapes, em Pernambuco, e marchou para Recife sob o comando do então sargento Gregório Bezerra. Apesar do sucesso inicial, a rebelião no Nordeste foi sufocada no dia 27, quando tropas do Exército leais a Vargas, vindas da Bahia, do Ceará e da Paraíba, cercaram os quartéis e os bairros que haviam sido tomados pelos comunistas.

No Rio de Janeiro, onde o levante deveria começar, a rebelião só teve início quando a luta pelo Nordeste terminava. Na madrugada do dia 27, levantaram-se o Terceiro Regimento de Infantaria, na Praia Vermelha, e a Escola de Aviação Militar, no Campo dos Afonsos. O objetivo era atacar o palácio Guanabara e prender Vargas. Espremido entre os morros cariocas e o mar, o regimento nem sequer conseguiu deixar o quartel. A revolta teve início às três horas da madrugada e acabou às 13h30, durando pouco mais de dez horas.

A Aliança Nacional Libertadora, por meio do Partido Comunista do Brasil, apostou suas fichas na possibilidade de que levantes em vários quartéis do Brasil pudessem inflamar a população e facilitar a derrubada do governo, erro estratégico que resultou em vexame. Os comunistas não conseguiram apoio popular, reunindo menos de 2.500 pessoas nas três cidades. Ainda que o número possa ser maior, já que outras 1.420 foram presas em outros estados por estarem supostamente relacionadas ao levante, o movimento de novembro nem de longe mobilizou "as grandes massas proletárias" que formariam a revolução socialista no Brasil. O que de fato aconteceu foi mais uma quartelada na história brasileira. No Rio de Janeiro, dos 838 indiciados, 65% eram militares e apenas 9%, operários.[6]

O levante serviu apenas para que o governo utilizasse a Lei de Segurança Nacional e decretasse estádio de sítio, que duraria até 1937, e caçasse impiedosamente os comunistas. Esse trabalho coube ao chefe de polícia do Distrito Federal, o capitão Filinto Müller, integrante dos levantes de 1922 e 1924, expulso da Coluna Prestes acusado de covardia e roubo de armamento, e agora com boas relações com a Gestapo, a polícia secreta nazista.

Assim, os principais líderes da Internacional Comunista no Brasil foram todos presos. Torturados, Barron morreu e Ewert enlouqueceu. A mulher deste foi deportada e morreu em um campo de concentração nazista, em 1940. Depois de pouco mais quatro meses fugindo, em março de 1936, Prestes e Olga foram presos em um esconderijo no bairro do Méier. Eles não se veriam mais. Ela seria extraditada em setembro, grávida de sete meses, para a Alemanha Nazista. Detida em uma prisão em Berlim, Olga deu à luz a filha Anita Leocádia em novembro. Em janeiro do ano seguinte, foi separada da bebê, que foi entregue à mãe de Prestes. Em 1938, foi transferida para o campo de concentração de Lichtenburg e, um ano depois, para Ravensbrück. Em 1942, morreu em uma câmara de gás no campo de concentração de Bernburg. Prestes só tomaria conhecimento do fato três anos depois.[7]

Prestes deu ordens para que Elvira Cupello Calônio, cujo codinome era Elza Fernandes, acusada de ser informante da polícia, fosse executada. Também conhecida como Garota, Elvira era namorada de Antônio Maciel Bonfim, o Miranda, secretário-geral do Partido Comunista do Brasil, por quem Prestes nunca nutrira muita simpatia. Quatro anos depois do assassinato, a ossada de Elvira foi encontrada; seu corpo havia sido quebrado para caber em um saco. Prestes negou até a morte ter dado tal ordem, mas os documentos encontrados no esconderijo do Méier não deixam dúvidas. A filha de Prestes reconheceria, décadas mais tarde, que a decisão "foi errônea, desnecessária e inaceitável".[8] A historiografia alinhada com a esquerda tentou esconder a história de Elvira Calônio, assim como a participação do Komintern no levante. Marly Vianna, por exemplo, escrevendo sobre o movimento no começo da década de 1990, negou que a Internacional Comunista tivesse qualquer participação na Intentona: "não encontra qualquer apoio nos fatos documentais", o "'dedo de Moscou' não pode ser comprovado nos levantes".[9] Nessa mesma década, um vasto material saído dos arquivos do extinto Partido Comunista da União Soviética provou o contrário. O próprio filho de Prestes que vivia na capital russa, Iuri Ribeiro, obteve cópias de mais de quinhentas páginas de documentos secretos. Como imaginado, Moscou dera amplo apoio à Intentona.

O GOLPE DE 1937

Para Getúlio Vargas, eleito em 1934 pelo voto indireto, a nova Carta Magna do país tinha um problema: o presidente brasileiro governaria até maio de 1938 e não teria direito a reeleição. Assim, muito cedo ele deu início às articulações para se manter no poder. Em setembro de 1935, em Porto Alegre para as celebrações do Centenário Farroupilha, hospedou-se no palácio Piratini e sondou seu amigo e aliado Flores da Cunha sobre a possibilidade de apoio a um golpe que o manteria no cargo por tempo indeterminado. O interventor rechaçou a ideia e a amizade azedou.[10] Dois anos depois, Flores da Cunha seria forçado a deixar o poder e exilar-se no Uruguai, para onde Vargas enviaria Batista Luzardo como embaixador, mas também com a missão de vigiar as atividades do general em Montevidéu.

No começo de 1937, foram definidas as candidaturas à sucessão presidencial, cujas eleições estavam previstas para o ano seguinte. O Partido Constitucionalista, que reunia integrantes do Partido Democrático e de agremiações menores, lançou Armando de Salles Oliveira, que comandava São Paulo desde 1933, primeiro como interventor e depois como governador eleito. Como "candidato oficial" do governo, foi escolhido José Américo de Almeida, ex-ministro de Vargas e senador paraibano. Plínio Salgado era o nome indicado pelos integralistas.

Depois do levante comunista, Vargas apertara o cerco a possíveis oposicionistas e o Congresso Nacional aprovara uma série de medidas excepcionais solicitadas pelo presidente. Em março de 1936, a polícia invadiu o Congresso e prendeu parlamentares que tinham apoiado a Aliança Nacional Libertadora. No fim do ano, uma lei instituiu o Tribunal de Segurança Nacional, responsável por julgar os envolvidos no movimento de 1935. O próprio prefeito do Distrito Federal, Pedro Ernesto, suspeito de envolvimento com os comunistas, acabou preso. Como José Américo demonstrava certa inclinação para o populismo, lançando-se como "candidato do povo", Vargas temia perder o controle sobre ele e aguardava uma chance para impedir as eleições. A oportunidade chegou em setembro de 1937, quando o diretor do serviço secreto integralista, Olímpio Mourão Filho, redigiu o Plano Cohen, um documento forjado entregue às Forças Armadas e atribuído à Internacional Comunista, que supostamente planejava tomar o poder por meio de ataques às autoridades civis, greve geral, incêndio de prédios públicos e um novo levante. Divulgado publicamente em jornais e rádios, serviu de pretexto para o decreto do estado de guerra e a suspensão das garantias constitucionais. Um golpe de Estado estava em andamento. No começo de novembro, o candidato à presidência Armando Salles lançou um manifesto apelando aos líderes militares que impedissem o golpe e salvassem a democracia. Era tarde demais. O governo contava com o apoio dos generais Góes Monteiro, chefe do Estado-Maior do Exército e admirador confesso do fascismo italiano, e Eurico Gaspar Dutra, ministro da Guerra. Em 10 de novembro de 1937, tropas da Polícia Militar cercaram e fecharam o Congresso — o ministro não permitiu o uso das tropas do Exército, querendo fazer parecer que não estava envolvido com o golpe. À noite, pelo rádio, Vargas anunciou à nação um "Estado Novo" com uma Constituição elaborada pelo jurista Francisco Campos, nomeado ministro da Justiça no dia anterior — mais tarde, o mesmo Campos voltaria a colaborar com outro golpe, o de 1964, participando dos Atos Institucionais 1 e 2 e colaborando com outra Constituição, a de 1967.

Assim, a Constituição de 1934 tornou-se a mais efêmera das Constituições brasileiras; durou apenas 1.213 dias, pouco mais de três anos. A nova Carta, chamada de "Polaca" por ter como modelo a Constituição polonesa de dois anos antes, embora tivesse muitas semelhanças com a Constituição Castilhista de 1891, ressaltava a proeminência do poder Executivo sobre o Legislativo. Um "remédio nacional contra as moléstias que assolavam o país", segundo seu redator.[11] O Parlamento e os partidos políticos foram abolidos e Vargas ganhou poderes quase que absolutos, com os quais podia governar por decretos-lei e nomear governadores para os estados. Estava instaurada a ditadura.

O INTEGRALISMO E O GOLPE DO PIJAMA (1938)

Durante a década de 1920, movimentos políticos de extrema direita surgiram em todo o Brasil, como a Legião Cearense do Trabalho, o Partido Fascista Nacional, o Partido Nacional Sindicalista, a Legião Cruzeiro do Sul e a Legião de Outubro, liderada pelo futuro ministro da Justiça Francisco Campos. Nenhum desses "partidos", no entanto, alcançou mais notoriedade que a Ação Integralista Brasileira, a AIB. Era a versão da direita brasileira mais semelhante ao nazifascismo europeu. Criada a partir do Manifesto Integralista lançado pelo escritor paulista Plínio Salgado logo após o fim da Revolução de 1932, a AIB propunha buscar a formação de um "novo homem", comprometido com Deus, com a pátria e com a família — daí seu lema "Deus, Pátria, Família".

O historiador Ricardo Seitenfus descreveu Salgado como um "homem dotado de uma inegável inteligência, de uma certa cultura e, sobretudo, de uma personalidade mística bastante acentuada", "um carrossel de ideias" capaz de juntar a Virgem Maria, Immanuel Kant, Karl Marx e Adam Smith.[12] Um exemplo disso é o símbolo adotado pelo movimento. A letra grega sigma representaria a ideia de integração de "todas as forças sociais do país", assim como o símbolo matemático que indica a soma dos números infinitamente pequenos, tal como os membros do movimento integralista. No aspecto religioso, era a letra usada pelos "primeiros cristãos" da Grécia antiga na identificação de Deus. O símbolo representava, ainda, a estrela Polar no hemisfério Sul.

Tal como os modelos europeus de extrema direita, os integralistas também tinham sua milícia, as Forças Integralistas. E, assim como os camisas-pardas, no caso do nazismo, e dos camisas-negras, no do fascismo, os membros da AIB eram obrigados a usar uniforme. O que, segundo o próprio movimento, criava "uma mística profunda" e "uma unidade inquebrantável": camisas e gorros sem pala verde-oliva, calças pretas ou brancas, gravatas negras e uma braçadeira com a letra sigma no braço esquerdo. Devido à cor predominante no uniforme e ao barulho que marcava suas manifestações públicas, receberam o apelido pejorativo de "galinhas verdes". Cinco anos após sua fundação, o movimento alegava ter 1,5 milhão de filiados, embora muitos historiadores acreditem que o número real ficasse entre 100 e 200 mil — principalmente no Rio de Janeiro, em São Paulo e Santa Catarina —, 40% dos quais ligados ao funcionalismo público.[13]

O ideal integralista era a formação de um "Estado Integral", sem partidos políticos, luta de classes ou regionalismo, e cujos inimigos seriam o liberalismo, o comunismo e o capitalismo financeiro, que, na visão de um dos seus principais ideólogos, o prolífico escritor cearense Gustavo Barroso, ex-presidente da Academia Brasileira de Letras (ABL), era controlado pelo judaísmo internacional. Barroso foi o tradutor para o português do panfleto *Os protocolos dos sábios de Sião*, uma falsificação muito usada na Europa para incriminar os judeus alegando um suposto "complô" organizado pela comunidade judaica para a conquista do poder mundial. Outro líder radical da AIB era Miguel Reale, filósofo e jurista que seria um dos principais redatores da Constituição de 1969 e supervisor da comissão que elaborou o Código Civil de 2002.

Em uma das marchas promovidas pela AIB, aconteceu o mais violento confronto entre integralistas e os diversos grupos de esquerda reunidos em torno da Frente Única Antifascista, formada por mais de quarenta grupos sindicais, comunistas, trotskistas e anarquistas. Para festejar o segundo aniversário do Manifesto Integralista e da criação da AIB, Plínio Salgado programou uma grande marcha para o dia 7 de outubro de 1934, em São Paulo — a Marcha dos Dez Mil. Tão logo o jornal integralista *Ofensiva* divulgou o evento, integrantes da Frente Única Antifascista se mobilizaram para impedir a manifestação. O confronto foi inevitável e o resultado também: seis mortos (três guardas civis, dois integralistas e um comunista) e cinquenta feridos, boa parte devido à correria causada pelo disparo acidental de uma metralhadora da Força Pública. O *Jornal do Povo*, dirigido pelo comunista e folclórico jornalista gaúcho Aparício Torelly, o "barão de Itararé", estampou em manchete três dias depois: "Um integralista não corre: voa...".[14] Entre os integralistas, o episódio ficou conhecido como Batalha da Praça da Sé; os integrantes da Frente Única Antifascista apelidaram a tragicomédia de "Revoada dos Galinhas Verdes".

A AIB daria o troco três anos depois, em 1937, quando Mourão Filho redigiu o Plano Cohen, que serviu como argumento para a implantação do Estado Novo — 27 anos depois, Mourão Filho seria o responsável direto pelo golpe que derrubaria o presidente João Goulart do poder. Embora a AIB manifestasse apoio a Vargas, foi formalmente fechada, como todos os partidos. A partir daí, começou ela própria a articular a deposição do presidente. Em março de 1938, a polícia brasileira abortou uma emboscada que seria realizada enquanto Vargas estivesse em visita às instalações da Marinha na baía de Guanabara. O capitão de mar e guerra Fernando Cochrane, membro da AIB, seria o artífice, e entre os envolvidos estava Euclides de Oliveira Figueiredo.

Uma nova e mais ousada tentativa foi preparada para a noite do dia 10 de maio seguinte. A tentativa integralista, no entanto, foi mais atrapalhada do que a comunista em 1935. O plano de golpe consistia em atacar o palácio Guanabara e prender Vargas. A organização foi cômica e a mobilização, pífia. Dos 150 integralistas voluntários, menos de trinta apareceram na hora e no dia marcados — não tinham armamento pesado, além de terem esquecido de levar os explosivos preparados para o momento. A reação do governo também foi patética. Quando o palácio do governo foi atacado, por volta da uma hora da madrugada do dia 11, demorou até que alguém viesse em socorro do presidente, cercado em seu quarto com a família — por isso, a imprensa carioca denominou a ação de "o golpe do pijama". A inércia de Filinto Müller, Góes Monteiro e Eurico Dutra, respectivamente chefe de polícia, chefe do Estado-Maior do Exército e ministro da Guerra, levantaram, por parte de historiadores, a suposição de que eles também fizessem parte de um complô contra Getúlio.[15] Depois do susto, o ataque comandado pelo tenente Severo Fournier foi duramente reprimido pelas tropas do general Dutra, e pelo menos nove integralistas foram sumariamente fuzilados nos jardins do palácio.

O ESTADO NOVO (1937–45)

Centralizador, o Estado Novo destruiu a democracia — que, na verdade, pouco existira no Brasil até então — e instalou uma ditadura em moldes positivistas, em alguns pontos, próxima dos movimentos de direita europeus. Tal como fizeram Hitler e Mussolini, Vargas criou, em 1939, o Departamento de Imprensa e Propaganda (DIP), destinado a difundir a ideologia do novo regime junto à população, controlar as manifestações artísticas e promover o culto à personalidade do ditador — no que não diferia em nada tanto do fascismo como do comunismo. Sob a direção do jornalista Lourival Fontes (mais tarde liderado em sucessão pelo major Coelho dos Reis e pelo capitão Amilcar Dutra de Menezes), o DIP interferia em tudo, desde a produção musical, passando por teatro, cinema e turismo, até imprensa. Proibia "publicações nocivas aos interesses brasileiros", não permitia a entrada de informações e influências vindas de fora e era responsável, ainda, pela transmissão diária do programa *Hora do Brasil*, embrião da *Voz do Brasil*. Só em 1942, mais de 370 músicas e cem programas de rádio foram proibidos. Características culturais regionais foram apagadas em prol da unicidade do país e de uma cultura "genuinamente brasileira" — como o idioma dos imigrantes, duramente suprimido. Era a Campanha de Nacionalização. Com sua foto estampada em livros, revistas e paradas cívicas, bustos e estátuas por todo o Brasil, Vargas transformou-se no onipresente idolatrado "pai dos pobres" e líder incontesto da nação.

O Estado Novo manteve estrito relacionamento com o fascismo europeu, principalmente com a Alemanha nazista; perseguiu, prendeu, torturou, assassinou e exilou intelectuais e políticos opositores, "mas não adotou uma atitude de perseguições indiscriminadas", observou o historiador Boris Fausto. "Não se tratava de um regime fascista, e menos ainda da reprodução de um modelo fascista europeu", afirmam as historiadoras Lilia Schwarcz e Heloisa Starling.[16] Vargas sabia da importância de contar com pensadores; assim, católicos, integralistas, autoritários e esquerdistas disfarçados ocuparam cargos e aceitaram todas as vantagens que o regime oferecia. Por isso, o romancista Graciliano Ramos, autor do célebre *Vidas secas*, preso pelo envolvimento com a Intentona Comunista de 1935, escreveu, em *Memórias do cárcere*, que o Estado Novo era um "pequenino fascismo tupinambá".

O flerte com as ditaduras europeias se encerrou em 1942, quando o Brasil cortou relações com o nazifascismo e a aproximação com os Aliados resultou em um acordo com os Estados Unidos — o que se deve, em grande parte, a Oswaldo Aranha. O convênio forneceu ao país 200 milhões de dólares em armas e munição de guerra, e outros 114 milhões de dólares para que organizasse a produção de materiais básicos e estratégicos, para a modernização de ferrovias e artigos de exportação.[17]

Nesse ínterim, Agamenon Magalhães substituíra Salgado Filho no Ministério do Trabalho, em 1934. Magalhães instituiu o seguro por acidente de trabalho e intensificou a fiscalização aos sindicados depois da Intentona Comunista. Depois do golpe do Estado Novo, a pasta do Trabalho foi entregue a Valdemar Falcão. O salário mínimo, que deveria comprar "dez cestas básicas", foi regulamentado em 1938 e o Serviço de Alimentação da Previdência Social, dois anos depois. Em 1941, o governo instalou a Justiça do Trabalho, cuja origem eram as Juntas de Conciliação e Julgamento, criadas em 1932 pelo próprio Vargas e que vinham sendo aprimoradas desde 1939.[18]

Mas as leis trabalhistas ainda eram uma situação mal revolvida — um conjunto de leis desconexas e contraditórias. Com o objetivo de resolver o problema, em 1942, Vargas nomeou uma comissão encarregada de estudar e organizar um anteprojeto que unificasse a legislação até então produzida. Embora muitas leis trabalhistas tenham sido inspiradas na *Carta del Lavoro* ("carta do trabalho"), elaborada pelo fascismo italiano em 1927, a comissão também tomou como base as normas da Organização Internacional do Trabalho (OIT) e as leis já existentes no próprio Brasil e discutidas desde 1930. Desse comitê, nasceu o texto da Consolidação das Leis do Trabalho, a CLT, que, encaminhado ao ministro do Trabalho Alexandre Marcondes Filho, foi aprovado por decreto em 1º maio de 1943.

Se o Brasil lucrou com a Segunda Guerra Mundial, o fim dela encerrou também o período de Vargas no poder. Em 1945, o mesmo Góes Monteiro que o pusera na presidência articulou sua derrubada. Mas Vargas não deixou a política, apenas deu início a um novo jogo, "com todas as pedras de volta no tabuleiro". Naquele mesmo ano, dos três principais partidos criados no país, dois estavam sob influência direta do ex-presidente: o Partido Social Democrático, que reunia os interventores aliados a Vargas, e o Partido Trabalhista Brasileiro, surgido do grupo "queremista", que desejava manter Vargas no poder como líder de uma Assembleia Constituinte. Afastado do governo, ele concorreu simultaneamente a uma vaga no Senado em cinco estados e a uma de deputado federal em nove. Elegeu-se senador pelo Rio Grande do Sul e por São Paulo, além de deputado por sete estados. Acabou escolhendo a vaga de senador pelo estado natal. Na eleição de 1945, a primeira direta desde 1930, mais de 6,2 milhões de pessoas votaram, cerca de 13% da população total do país.

No ano seguinte, em 1946, uma nova Carta Magna foi promulgada, em setembro, pelo presidente Eurico Gaspar Dutra — o general Dutra participara do golpe que afastou Vargas do poder, mas, por indicação do próprio Getúlio, fora eleito democraticamente pelo Partido Social Democrático. A Constituição de 1946 seria suspensa em 1964 e substituída em 1967.

Quanto a Vargas, retornaria à presidência "nos braços do povo" em 1951. A figura de maior expressão da história política brasileira era uma contradição só, e poucos personagens históricos exercitaram tão profundamente a dualidade da condição humana quanto ele. Em 1954, depois de ter passado dezoito anos como líder máximo do país — quinze desde a Revolução de 1930 até seu afastamento em 1945, e outros três no período democrático, entre a posse em 1951 e o suicídio em 1954 —, ele tinha uma trajetória pouco comum.

Como ditador nacionalista, namorou o nazifascismo europeu, mas se casou com a democracia liberal estadunidense, perseguindo o fascismo integralista e o comunismo de Prestes. Usou dinheiro dos capitalistas para desenvolver e modernizar o país ao mesmo tempo que dava forma à legislação trabalhista, atendendo às aspirações populares nacionais. Como presidente eleito, lutou contra o capital estrangeiro que havia financiado a industrialização do Brasil, aproximando-se dos sindicatos e de uma política social que não contava com o apoio da esquerda. No mesmo pequeno corpo, conviveram o homem que deu ao país os direitos trabalhistas e o responsável pela repressão à liberdade de expressão e aos direitos civis e políticos, que assinava e rasgava constituições com a mesma facilidade e calma com que acendia um charuto. Como ele próprio resumiu, era uma esfinge: "Gosto mais de ser interpretado do que de me explicar".[19]

MATOU-SE VARGAS!

Na madrugada de terça-feira, 24 de agosto de 1954, o ministro da Guerra, general Euclides Zenóbio da Costa, chegou à sede do governo com um ultimato assinado por um grupo de generais exigindo a renúncia do presidente Vargas. Reunido com o ministério, os três filhos e a esposa, Darcy, sem que se chegasse a um consenso, Vargas decidiu pedir licença do cargo. Uma nota à nação foi escrita pelo ministro da Justiça Tancredo Neves e, pelo rádio, o Brasil tomou conhecimento da decisão presidencial. Por volta das 7h30, Getúlio foi avisado pelo irmão que o pedido de licença não era suficiente: os militares queriam a renúncia imediata.

Pouco depois das oito horas da manhã, de pijama, o presidente deixou o quarto, no terceiro andar do palácio do Catete, e desceu até o gabinete de trabalho. Ao retornar, trouxe consigo um revólver Colt calibre 32 com cabo de madrepérola. Sentado na cama, pôs o revólver na altura do coração, próximo ao monograma "GV", e puxou o gatilho. O estampido ecoou pelo Catete. Ao entrarem no quarto, a esposa e os filhos Lutero e Alzira encontram Vargas caído sobre o leito, agonizante. Na mesinha de cabeceira, uma carta-testamento. Depois de aventar a possibilidade de se matar em momentos-chave de sua trajetória política, em 1930, 1932 e 1945, quando também escrevera bilhetes suicidas, ele finalmente punha fim à própria vida. "Joguei-me sobre ele, numa última esperança", lembrou mais tarde a filha. "Apenas um leve sorriso me deu a impressão de que ele me havia reconhecido." Às 8h35, o presidente estava morto. O diário carioca *Última Hora*, em edição extra daquele dia, estampava "Matou-se Vargas! O presidente cumpriu a palavra: 'só morto sairei do Catete'".[20]

Aos 72 anos, Getúlio Vargas saía da vida e entrava para a história. Mas o ciclo iniciado ainda na República Velha não estava encerrado. Pelo menos para alguns. Muitos dos nomes que atuaram durante as décadas de 1920 e 1930 ainda estavam na ativa nas décadas de 1950, 1960 e 1970. Mas isso é outra história.

NOTAS

1 | Aspásia Camargo e Walder de Góis, *Meio século de combate*, p. 126.

2 | Rodrigo Trespach, *Histórias não (ou mal) contadas – Revoltas, golpes e revoluções no Brasil*, p. 155.

3 | William Waack, *Camaradas*, p. 100; Maria Prestes, *Meu companheiro*, p.64; Fernando Morais, *Olga*, p. 51.

4 | Fernando Morais, *Olga*, p. 93.

5 | William Waack, *Camaradas*, pp. 115, 196 e 203.

6 | Marly Vianna, *Revolucionários de 35*, pp. 211, 235 e seg.

7 | Anita Prestes, *Olga Benario Prestes*, pp. 131-2.

8 | Anita Prestes, *Luiz Carlos Prestes*, p. 192.

9 | Marly Vianna, *Revolucionários de 35*, p. 304.

10 | Regina Schneider, *Flores da Cunha*, pp. 293-4.

11 | Walter Porto, *1937*, p. 19.

12 | Ricardo Seitenfus, *O Brasil de Getulio Vargas*, p. 53.

13 | Boris Fausto, *História do Brasil*, p. 356.

14 | Fúlvio Abramo, *A revoada dos galinhas verdes*, p. 187.

15 | Ricardo Seitenfus, *O Brasil de Getulio Vargas*, p. 196; Lira Neto, *Getúlio Vargas (1930–1945)*, p. 337.

16 | Boris Fausto, *História do Brasil*, p. 376; Lilia Schwarcz e Heloisa Starling, *Brasil – uma biografia*, p. 375.

17 | Rodrigo Trespach, *Histórias não (ou mal) contadas – Segunda Guerra Mundial*, p. 148.

18 | Tânia de Luca, "Direitos sociais no Brasil", pp. 484-5.

19 | Getúlio Vargas, *Diário*, vol.2, p. 209.

20 | Sobre o dia, ver relatos em Alzira Vargas, *Getúlio Vargas, meu pai*, e Lira Neto, *Getúlio (1945-1954)*.

AGRADECIMENTOS

Trabalho algum de pesquisa é realizado sozinho, e algumas pessoas foram fundamentais para a conclusão deste livro. Preciso agradecer especialmente ao capitão de fragata Paulo Pereira Oliveira Matos, que teve a paciência de me guiar pelas ruas do Rio de Janeiro, percorrendo comigo os bastidores da antiga capital federal associados aos acontecimentos históricos das décadas de 1920 e 1930 narrados neste livro; e a Raquel Cozer e Renata Sturm, da HarperCollins Brasil, que me oportunizaram a pesquisa, facilitando de forma significativa meu trabalho e acesso a museus, bibliotecas e arquivos — em parceria com Renata, com esta obra, chego a meu quinto livro na casa. O agradecimento é estendido também a toda a equipe editorial da HarperCollins Brasil; seu trabalho tem sido fundamental para que os resultados de minhas pesquisas possam ser apresentados em forma de livro e, assim, cheguem às mãos dos leitores. Meu muito obrigado a Luiz Bolognesi e à equipe da Buriti Filmes, que, em parceria com a editora, conceberam o projeto do livro. Agradeço ainda aos diversos amigos que de alguma forma colaboraram ao longo da pesquisa e da escrita; entre eles, preciso mencionar Anderson Alves, Adriana Costa, Tiago Rufino, Luiz Delfino Cardia e Ademar Távora. Por último e não menos importante, agradeço à minha esposa, Gisele, e aos meus filhos Rodrigo Jr. e Augusto, pela paciência e o amor infinito.

Rodrigo Trespach
Osório, 1º de março de 2021

LINHA DO TEMPO

15 de novembro de 1889
Proclamação da República.

24 de fevereiro de 1891
Promulgada a primeira Constituição Republicana do Brasil.

1893–5
Revolução Federalista.

1900
O presidente Campos Sales concebe a Política dos Governadores.

8 de setembro de 1915
O senador gaúcho Pinheiro Machado é assassinado no Rio de Janeiro.

5 de julho de 1922
Primeira revolta tenentista, o levante do Forte de Copacabana, no Rio de Janeiro; os Dezoito do Forte.

25 de janeiro a 14 de dezembro de 1923
Revolução Libertadora no RS.

5 a 28 julho de 1924
Segundo Cinco de Julho, revolta tenentista em SP.

1925–7
A Coluna Prestes percorre 25 mil quilômetros pelo Brasil.

17 de junho de 1929
João Neves e José Bonifácio acertam a aliança entre o Rio Grande do Sul e Minas Gerais.

11 de julho de 1929
Getúlio Vargas aceita a formação de uma aliança entre o Rio Grande do Sul, Minas Gerais e a Paraíba.

2 de agosto de 1929
A Aliança Liberal lança a chapa Getúlio Vargas-João Pessoa.

20 de setembro de 1929
A Aliança Liberal realiza uma convenção e homologa a chapa Vargas-João Pessoa como candidatos ao Catete.

1º de março de 1930
O candidato governista Júlio Prestes derrota Getúlio Vargas na eleição para presidente da República.

9 de maio de 1930
Siqueira Campos morre em um desastre aéreo no Uruguai.

22 de maio de 1930
O Congresso Nacional proclama Júlio Prestes presidente da República.

30 de maio de 1930
Luiz Carlos Prestes lança o Manifesto de Maio, de orientação comunista.

26 de julho de 1930
João Pessoa é assassinado em Recife.

3 de outubro de 1930
Início da Revolução de 1930.

12 de outubro de 1930
Getúlio Vargas deixa Porto Alegre rumo ao Paraná.

24 de outubro de 1930
O presidente Washington Luís é deposto por uma junta militar.

25 de outubro de 1930
A ofensiva dos revoltosos contra Itararé é cancelada.

26 de outubro de 1930
Em Ponta Grossa, Getúlio Vargas é convidado pela junta militar a assumir a presidência da República.

31 de outubro de 1930
Getúlio Vargas chega vitorioso ao Rio de Janeiro.

3 de novembro de 1930
Getúlio Vargas é empossado presidente provisório da República.

9 de julho a 2 de outubro de 1932
Revolução Constitucionalista. São Paulo se levanta contra Getúlio Vargas.

16 de julho de 1934
Assembleia Constituinte promulga a nova Constituição. Vargas é eleito presidente constitucional do Brasil pelo voto indireto no dia seguinte.

23 a 27 de novembro de 1935
A Intentona Comunista, liderada por Luiz Carlos Prestes, tenta derrubar Getúlio Vargas do poder.

30 de setembro de 1937
Integralistas denunciam o Plano Cohen, suposto plano comunista para derrubar Getúlio Vargas.

10 de novembro de 1937
Getúlio Vargas instaura o Estado Novo.

11 de maio de 1938
"Golpe do Pijama", tentativa integralista de depor Getúlio Vargas.

29 de outubro de 1945
Getúlio Vargas é deposto por um golpe militar.

3 de outubro de 1950
Getúlio Vargas é eleito presidente da República.

24 de agosto de 1954
Getúlio Vargas comete suicídio no Catete.

PERSONAGENS HISTÓRICOS

A lista a seguir inclui os principais personagens mencionados no livro, limitando-se a indicar nomes, postos, atuações e datas como referência para o período entre 1889 e 1945, durante a República Velha e a Era Vargas.

PRM – Partido Republicano Mineiro
PRR – Partido Republicano Rio-Grandense
PRP – Partido Republicano Paulista

Alberto, João (1897–1955). Militar e tenente pernambucano, participou da Revolução de 1924 e da Coluna Prestes (1925–7), lutou em favor de Vargas na Revolução de 1930, foi interventor federal em São Paulo (1930–1) e chefe de polícia do Rio de Janeiro (1932–3). Em 1945, apoiou o general Eurico Gaspar Dutra contra Eduardo Gomes, seu ex--companheiro de lutas.

Almeida, José Américo de (1887–1980). Advogado, sociólogo e político paraibano (PR da Paraíba), apoiou a Revolução de 1930, foi interventor federal na Paraíba (1930), ministro da Viação e Obras Públicas (1930–4 e 1954–6), senador pela Paraíba (1935 e 1947–51), governador da Paraíba (1951–3) e candidato à presidência em 1937.

Aranha, Oswaldo (1894–1960). Advogado e político gaúcho (PRR), foi o principal articulador civil da Revolução de 1930, ministro da Justiça (1930–1) e da Fazenda (1931–4), embaixador nos Estados Unidos (1934-7), ministro das Relações Exteriores (1938–44) e chefe da delegação brasileira na ONU, em 1947.

Barbosa, Rui (1849–1923). Advogado, polímata e político baiano (Partido Republicano Liberal e Partido Republicano Conservador), foi ministro da Fazenda (1889–91), da Justiça (1889), constituinte (1891), senador pela Bahia (1891-1923) e candidato à presidência em 1910 e 1919. Recebeu votos em todas as nove eleições entre 1894 e 1922, mesmo não tendo concorrido em sete delas.

Barreto, João de Deus Mena (1874–1933). Militar e general gaúcho, combateu as revoltas tenentistas de 1922 e 1924, foi um dos integrantes da Junta Militar que depôs Washington Luís e entregou o governo a Vargas em 1930. Tentou mediar o impasse entre São Paulo e o governo federal durante a Revolução Constitucionalista de 1932.

Bernardes, Artur (1875–1955). Advogado e político mineiro (PRM), foi deputado federal por Minas Gerais (1909–10, 1935–7 e 1946–55), governador de Minas Gerais (1918–22), presidente da República (1922–6) e senador por Minas Gerais (1927–30). Sua eleição à presidência foi marcada pelo levante do Forte de Copacabana, em 1922. Deu apoio à Aliança Liberal (1930) e depois à Revolução Constitucionalista (1932). Teve a liberdade restringida pelo Estado Novo (1937).

Brasil, Assis (1857–1938). Advogado e político gaúcho, primeiro no PRR depois no Partido Republicano Democrático e, finalmente, no Partido Libertador, no qual fez oposição a Borges de Medeiros (PRR). Foi o líder da Revolução de 1923, sendo solidário aos movimentos revolucionários de 1924 a 1926. Deu apoio a Vargas (1927 e 1930), sendo o idealizador do Código Eleitoral (1932). Foi governador do Rio Grande do Sul (1891–2), ministro da Agricultura (1911 e 1930), embaixador na Argentina (1890–3, 1905–7 e 1931–3) e deputado federal pelo Rio Grande do Sul (1927–9).

Bonifácio, José (1871–1954). Advogado e político (PRM), foi um dos articuladores mineiros da Aliança Liberal, deputado federal por Minas Gerais (1899–1930) e embaixador em Portugal (1931–3), Argentina (1933–7) e Santa Sé, em Roma (1937).

Campos, Francisco (1891–1968). Advogado, jurista e político mineiro (PRM), identificado com o fascismo, eleito deputado estadual (1919–21) e deputado federal por Minas Gerais (1921–6), foi um dos articuladores da Aliança Liberal e da Revolução de 1930, sendo indicado para o Ministério da Educação e Saúde Pública, cargo que deixou em 1932. Atuou na elaboração do Estado Novo (1937), do qual foi ministro da Justiça (1937–41). Conspirou contra todos os presidentes seguintes, de Vargas (1954) a João Goulart (1964). Elaborou os primeiros Atos Institucionais do Regime Militar e a Constituição de 1967.

Campos, Siqueira (1898–1930). Militar paulista, foi um dos dois únicos sobreviventes dos Dezoito do Forte (1922), participou da Revolução de 1924 e da Coluna Prestes (1925–7). Era um dos cotados para assumir o comando militar da Revolução de 1930 quando morreu em um acidente aéreo.

Chateaubriand, Assis (1892–1968). Jornalista e empresário paraibano, proprietário dos *Diários Associados*, foi um dos articuladores da Aliança Liberal, lutando a favor de Vargas na Revolução de 1930 e contra ele na Revolução Constitucionalista de 1932; foi senador pelo Maranhão (1955–7) e embaixador na Inglaterra (1957–60).

Comte, Auguste (1798–1857). Filósofo francês, foi o criador do Positivismo, filosofia que influenciou os militares da Proclamação da República (1889) e os políticos gaúchos da República Velha (1889–1930).

Carlos, Antônio (1870–1946). Advogado e político mineiro (PRM), foi um dos articuladores da Revolução de 1930, prefeito de Belo Horizonte (1905–6), governador de Minas Gerais (1926–30) e ministro da Fazenda (1917–8). Foi o presidente da Assembleia Nacional Constituinte em 1934.

Castilhos, Júlio de (1860–1903). Advogado, jornalista e político positivista gaúcho, líder do Partido Republicano Rio-Grandense, autor da primeira Constituição gaúcha (1891), de inspiração positivista e motivo da Revolução Federalista (1893–5), governador do Rio Grande do Sul (1891 e 1893–8).

Collor, Lindolfo (1890–1942). Farmacêutico, jornalista e político gaúcho (PRR), deputado estadual (1921–4) e federal pelo Rio Grande do Sul (1924–30), ministro do Trabalho (1930–2), foi um dos articuladores da Aliança Liberal e da Revolução de 1930. Deixou o governo Vargas em 1932, sendo preso em 1938, acusado de conspiração contra o ditador.

Costa, Miguel (1885–1959). Militar argentino, oficial da Força Pública de São Paulo, foi um dos líderes da Revolução de 1924 e da Coluna Prestes (1925–7). Feito general pela Revolução de 1930, foi um dos principais líderes militares do movimento. Criou a Legião Revolucionária para dar apoio a Vargas, não apoiou a Revolução Constitucionalista de 1932 e, em 1935, apoiou a Aliança Nacional Libertadora de Prestes.

Cunha, Flores da (1880–1959). Advogado e político gaúcho (PRR), general, foi um dos principais líderes militares da Revolução de 1930, deputado federal pelo Rio Grande do Sul e Ceará (1912–20 e 1924–8), senador pelo Rio Grande do Sul (1928–30) e interventor federal do mesmo estado (1930–7).

Dias, Isidoro (1865–1949). Militar e general gaúcho, lutou com os maragatos na Revolução Federalista (1893–5), liderou a Revolução de 1924 em São Paulo, manteve-se exilado quando da marcha da Coluna Prestes (1925–7). Foi um dos líderes militares da Revolução de 1930, mas apoiou a Revolução Constitucionalista de 1932; sendo preso, foi deportado para Portugal. Voltou anistiado em 1934 e criticou o golpe de 1937.

Dutra, Eurico Gaspar (1883–1974). Mato-grossense, militar, capitão e depois general, legalista em 1922, 1924 e 1930, lutou na repressão da Revolução de 1932 e deu apoio ao golpe do Estado Novo (1937). Foi ministro da Guerra (1936–45) e presidente da República (1946–51).

Farias, Osvaldo Cordeiro de (1901–81). Militar e político gaúcho, primeiro-tenente, depois general do Exército, embora fosse simpático à causa, não estava entre os revoltosos de 1922 (ainda assim, foi preso). Lutou na Revolução de 1924, na Coluna Prestes (1925–7) e na Revolução de 1930. Foi governador do Rio Grande do Sul (1938–43) e de Pernambuco (1955–8); apoiou o Golpe de 1964.

Figueiredo, Euclides (1883–1963). Militar, coronel, depois general do Exército e político carioca, lutou contra os revoltosos do levante de 1922, negou apoio à Revolução de 1930 e combateu Vargas na Revolução Constitucionalista de 1932, quando foi preso e deportado. Foi deputado federal pelo Distrito Federal (1946–51). Pai do futuro presidente da República durante o regime militar, João Batista Figueiredo (1979–85).

Fonseca, Hermes da (1855–1923). Militar gaúcho, marechal do Exército, ministro da Guerra (1906–9), foi o oitavo presidente da República (1910–4), eleito em uma eleição disputada com Rui Barbosa após a chamada Campanha

Civilista. Seu filho Euclides Hermes da Fonseca esteve diretamente envolvido no levante do Forte de Copacabana, em 1922.

Fragoso, Tasso (1869–1945). Maranhense, militar, general, chefe do Estado-Maior do Exército (1922–9 e 1931–2), ministro do Supremo Tribunal Militar (1933–8). Colaborou com o golpe militar que proclamou a República (1889) e foi um dos integrantes da Junta Militar que depôs Washington Luís e entregou o governo a Vargas em 1930.

Gomes, Eduardo (1896–1981). Militar fluminense, primeiro-tenente do Exército, depois brigadeiro, participou das revoluções de 1922 (foi um dos dois únicos sobreviventes dos Dezoito do Forte), 1924 e 1930. Foi candidato à presidência da República em 1945 e 1950 e ministro da Aeronáutica (1954–5 e 1965–7).

Klinger, Bertoldo (1884–1969). Militar gaúcho, coronel, depois general do Exército, foi sondado pela Aliança Liberal durante a campanha eleitoral e era o chefe do Estado-Maior de Mena Barreto, integrante da Junta Governativa, durante a Revolução de 1930. Manifestou-se contra a entrega do poder a Vargas e contra ele lutou na Constitucionalista de 1932, sendo preso e deportado. Apoiou o golpe de 1964.

Lacerda, Maurício de (1888–1959). Jornalista e político fluminense, foi oficial de gabinete do presidente Hermes da Fonseca (1910–1) e deputado federal (1912–20); atuou nos levantes de 1922 e 1924 e na Revolução de 1930. Membro da Aliança Nacional Libertadora, esteve envolvido na Intentona Comunista (1935). Seu filho, Carlos Lacerda (1914–77), que leu o manifesto de Prestes na instalação da ANL, foi deputado federal pelo Distrito Federal (1955 e 1956–60) e governador da Guanabara (1960–5), envolvendo-se em todos os golpes e tentativas de golpe entre 1950 e 1964.

Leal, Newton Estillac (1893–1955). Militar carioca, general do Exército, antifascista, participou da Revolução de 1924, exilou-se com Isidoro Dias em 1925, lutou na Revolução de 1930 e foi um dos mais engajados militares da Revolução Constitucionalista de 1932. Era o comandante do Rio de Janeiro quando da Intentona Comunista (1935). Foi ministro da Guerra (1951–4).

Luís, Washington (1869–1957). Advogado e político fluminense (PRP), foi prefeito de São Paulo (1917–9), deputado estadual (1904–6 e 1912–3), governador (1920–4) e senador pelo estado (1925–6). Décimo terceiro presidente do Brasil (1926–30), foi deposto pela Revolução de 1930.

Luzardo, Batista (1892–1982). Político gaúcho, aliado de Assis Brasil e do Partido Libertador, deputado federal pelo Rio Grande do Sul (1924–30, 1935–7, 1947-51), embaixador no Uruguai (1937–45) e na Argentina (1945, 1946–7, 1951–3). Lutou na Revolução de 1923 e na de 1930, quando foi nomeado chefe de polícia (1930–2). Lutou contra Vargas na Revolução Constitucionalista de 1932.

Maciel, Olegário (1855–1933). Engenheiro e político mineiro (PRM), foi deputado (1894-1910) e senador por Minas Gerais (1930), além de governador e interventor do estado (1930–3). Assumiu o governo mineiro em meio aos preparativos para a Revolução de 1930, à qual deu apoio.

Machado, Pinheiro (1851–1915). Advogado e político gaúcho, foi senador pelo Rio Grande do Sul (1891–1915) e um dos homens mais influentes da República Velha.

Medeiros, Borges de (1863–1961). Advogado e político (pica-pau; chimango) gaúcho, líder unipessoal do Partido Republicano Rio-Grandense desde 1903, governador do Rio Grande do Sul (1898–1908 e 1913–28) e deputado federal pelo estado (1935–7). Rompeu com Vargas em 1932, concorreu à presidência em 1934, teve o mandato na Câmara cassado em 1937.

Melo Franco, Afrânio de (1870–1943). Político mineiro (PRM), deputado federal por Minas Gerais (1906–8, 1920–3 e 1927–

9), ministro da Viação (1918–9) e das Relações Exteriores (1930–3), foi um dos articulares da Aliança Liberal. Pai de Virgílio de Melo Franco, conspirador da Revolução de 1930.

Melo Franco, Virgílio de (1897–1948). Jornalista e político mineiro (PRM), foi um dos mais ativos articulares da Revolução de 1930. Foi deputado federal por Minas Gerais (1935–7). Morreu assassinado.

Monteiro, Góes (1889–1956). Militar alagoano, coronel e depois general do Exército, legalista em 1922, combateu a Revolução de 1924 e a Coluna Prestes (1925–7) e foi o comandante militar da Revolução de 1930. Ministro da Guerra (1934–5), participou da repressão à Aliança Nacional Libertadora e à Intentona Comunista (1935), sendo um dos principais articuladores do Estado Novo (1937) e do golpe que derrubou Vargas (1945).

Morais, Prudente de (1841–1902). Advogado e político paulista (Partido Republicano Federal), republicano histórico, foi governador de São Paulo (1889–90), senador pelo estado (1891-4) e primeiro presidente civil da República (1894–8).

Noronha, Isaías de (1874–1963). Militar carioca, contra-almirante, foi um dos membros da Junta Governativa que entregou o governo a Vargas em 1930. Foi ministro da Marinha (1930).

Neves, João (1887–1963). Advogado, jornalista e político gaúcho (PRR), foi o principal articulador rio-grandense da Aliança Liberal, deputado estadual (1921–7) e vice-governador do Rio Grande do Sul (1928–30), deputado federal (1935–7) e embaixador em Portugal (1943–5). Rompeu com Vargas em 1932, voltando a apoiá-lo em 1950.

Pessoa, Epitácio (1865–1942). Advogado e político paraibano (PR da Paraíba), deputado federal pela Paraíba (1891–3), ministro da Justiça (1898–1901), ministro do STF (1902–12), senador pela Paraíba (1912–9 e 1924–30), foi o décimo primeiro presidente da República (1919–22). Deu aval para o sobrinho João Pessoa se aliar com Vargas contra Júlio Prestes e, depois, apoiar a Revolução de 1930.

Pessoa, João (1878–1930). Advogado e político paraibano (PR da Paraíba), ministro do Supremo Tribunal Militar (1919–30) e governador da Paraíba (1928–30), foi candidato à vice-presidência pela Aliança Liberal em 1930 e contra a ideia de uma revolta armada contra o governo federal. Foi assassinado em julho de 1930. Sobrinho do ex-presidente da República Epitácio Pessoa.

Prestes, Júlio (1882–1946). Advogado e político paulista (PRP), foi deputado federal por São Paulo (1924–7), governador do estado (1927–30) e presidente eleito do Brasil, impedido de assumir pela Revolução de 1930.

Prestes, Luiz Carlos (1898–1990). Engenheiro militar gaúcho, capitão do Exército, político, líder tenentista e comunista, foi chefe da Coluna Prestes (1925–7), cabeça da Intentona Comunista (1935) e secretário-geral do Partido Comunista do Brasil. Esteve preso entre 1936 e 1945, sendo depois eleito senador pelo Distrito Federal (1945–8).

Sales, Campos (1841–1913). Advogado e político paulista (PRP), senador por São Paulo (1891–6 e 1909–13), governador do estado (1896–7), segundo presidente civil do Brasil (1898–1902) e embaixador na Argentina (1912). Foi o responsável pela criação da Política de Governadores.

Salgado, Plínio (1895–1975). Jornalista e político paulista, líder do movimento integralista, tentou derrubar Vargas com um golpe em 1938, foi candidato à presidência em 1955, deputado federal pelo Paraná (1959–63) e por São Paulo (1963–74).

Távora, Juarez (1898–1975). Militar e político cearense, foi "tenente-coronel", lutou nos levantes de 1922 e 1924, atuou na Coluna Prestes (1925), foi aprisionado e tornou-se um dos líderes militares da Revolução de 1930 no Norte e no

Nordeste do país. Foi ministro da Viação e Obras Públicas (1930 e 1964–7) e da Agricultura (1932–4), chefe do Gabinete Militar da Presidência (1954-5), candidato à presidência (1955) e deputado federal pela Guanabara (1962–4).

Vargas, Getúlio (1882–1954). Advogado e político gaúcho (PRR), foi governador do Rio Grande do Sul (1928–30) e candidato à presidência pela Aliança Liberal em 1930. Empossado presidente pela Revolução de 1930, governou o Brasil de 1930 a 1945, primeiro como chefe do Governo Provisório (1930–4), depois como presidente constitucional (1934–7) e, finalmente, como ditador no Estado Novo (1937–45). Foi eleito presidente da República em 1950, governando o país até cometer suicídio, em 1954.

REFERÊNCIAS

ABRAMO, Fúlvio. *A revoada dos galinhas verdes*. São Paulo: Veneta, 2014.

ABREU, Alzira Alves de *et al.* (Org.) *Dicionário histórico biográfico brasileiro pós 1930*. 2. ed. Rio de Janeiro: FGV, 2001.

ABREU, Alzira Alves de (Coord.). *Dicionário histórico-biográfico da Primeira República (1889–1930)*. Rio de Janeiro: FGV, 2015.

ABREU, Luciano Aronne. *Getúlio Vargas*: a construção de um mito, 1928–30. Porto Alegre: EdiPUCRS, 1996.

ALMEIDA, Hamilton. *Padre Landell de Moura*: um herói sem glória. Rio de Janeiro: Record, 2006.

AMADO, Gilberto. *Depois da política*. Rio de Janeiro: José Olympio, 1960.

AMADO, Jorge. *O cavaleiro da esperança*. 20. ed. Rio de Janeiro: Record, 1979.

ANDRADE, Manoel Correia. *A Revolução de 30*: da República Velha ao Estado Novo. Porto Alegre: Mercado Aberto, 1988.

ARAUJO, Rubens Vidal. *Os Vargas*. Rio de Janeiro: Globo, 1985.

ARQUIVO NACIONAL. *Os presidentes e a República*. Rio de Janeiro: O Arquivo, 2003.

ASLAN, Nicola. *A maçonaria operativa*. Rio de Janeiro: Aurora, 1975.

_____. *História geral da maçonaria*. Rio de Janeiro: Aurora, [1979].

AXT, Gunter; AITA, Carmem (Org.). *Parlamentares gaúchos*: Getúlio Vargas. Discursos (1903–1929). 2. ed. Porto Alegre: ALERS, 1999.

AXT, Gunter. *Gênese do Estado moderno no Rio Grande do Sul (1889–1929)*. Porto Alegre: Paiol, 2011.

BALEEIRO, Aliomar. *1891*. 3. ed. Brasília: Senado Federal, 2012. (Coleção Constituições Brasileiras). v. 2.

BARROS, João Alberto Lins de. *A marcha da Coluna*. Rio de Janeiro: BibliEx, 1997.

BERNARDET, Jean-Claude. *Historiografia clássica do cinema brasileiro*. 2. ed. São Paulo: Annablume, 2008.

BERNARDI, Mansueto. *A Revolução de 30 e temas políticos*. Porto Alegre: Sulina, 1981. v. 5.

BETHELL, Leslie (Org.). *História da América Latina*: de 1870 a 1930. São Paulo: Edusp; Imprensa Oficial do Estado; Brasília, DF: Fundação Alexandre de Gusmão, 2008. v. V.

BRUM, Eliane. *Coluna Prestes*. Porto Alegre: Artes e Ofícios, 1994.

CAGGIANI, Ivo. *João Francisco, a Hiena do Cati*. Porto Alegre: Martins Livreiro Editor, 1988.

CALDEIRA, Jorge. *História da riqueza no Brasil*: cinco séculos de pessoas, costumes e governos. Rio de Janeiro: Estação Brasil, 2017.

CAMARGO, Aspásia; GÓES, Walder de. *Meio século de combate*: diálogo com Cordeiro de Farias. Rio de Janeiro: Nova Fronteira, 1981.

CARDOSO, Fábio Silvestre. *Capanema*: a história do ministro da Educação que atraiu intelectuais, tentou controlar o poder e sobreviveu à Era Vargas. Rio de Janeiro: Record, 2019.

CARNEIRO, Glauco. *História das revoluções brasileiras*. 2. ed. Rio de Janeiro: Record, 1989.

CARONE, Edgard. *A Primeira República*. São Paulo: Difusão Europeia do Livro, 1973.

_____. *Revoluções no Brasil contemporâneo 1922–1938*. São Paulo: Ática, 1989.

CARVALHO, Estevão Leitão de. *Memórias de um soldado legalista*. Rio de Janeiro: Biblioteca do Exército, 2017. 2 v.

CARVALHO, José Murilo de. *Os bestializados*. São Paulo: Companhia das Letras, 1987.

_____. *A formação das almas*. São Paulo: Companhia das Letras, 2004.

_____. *A construção da ordem*. Rio de Janeiro: Civilização Brasileira, 2006.

CASTELLANI, José. *A maçonaria e o movimento republicano brasileiro*. São Paulo: Traço, 1989.

CASTRO, Celso. *Os militares e a República*. Rio de Janeiro: Zahar, 1995.

_____. *A Proclamação da República*. Rio de Janeiro: Zahar, 2000.

CASTRO, Chico. *A Coluna Prestes no Piauí*. Brasília: Senado Federal, 2008.

CASTRO, Ruy. *O anjo pornográfico*: a vida de Nelson Rodrigues. São Paulo: Companhia das Letras, 1992.

_____. *Carmen*: uma biografia. São Paulo: Companhia das Letras, 2005.

CASTRO, Therezinha. *História documental do Brasil*. Rio de Janeiro: Record, 1968.

COHEN, Ilka Stern. *Bombas sobre São Paulo*: a Revolução de 1924. São Paulo: Unesp, 2007.

CORTÉS, Carlos E. *Política gaúcha (1930-1964)*. Porto Alegre: Edipucrs, 2007.

COSTA, Emília Viotti da. *Da Monarquia à República*. 7. ed. São Paulo: Unesp, 1999.

_____. "Brasil: a Era da Reforma, 1870-1889". In: BETHELL, Leslie (Org.). *História da América Latina*: de 1870 a 1930. São Paulo: Edusp; Imprensa Oficial do Estado; Brasília, DF: Fundação Alexandre de Gusmão, 2008. pp. 705-760. v. V

COSTA, Francisco Mario Viceconti (Coord.). *Literatura brasileira*: a arte da palavra. Rio de Janeiro: Revic, 2003.

DE LUCA, Tânia Regina. "Direitos sociais no Brasil". In: PINSKY, Jaime; PINSKY, Carla Bassanezi (Orgs.). *História da cidadania*. São Paulo: Contexto, 2008.

DEL PRIORE, Mary; VENANCIO, Renato. *Uma breve história do Brasil*. São Paulo: Planeta, 2010.

DRUMMOND, José Augusto. *A Coluna Prestes, rebeldes errantes*. São Paulo: Brasiliense, 1985.

DONATO, Hernâni. *Dicionário das batalhas brasileiras*. 2. ed. São Paulo: Ibrasa, 1996.

_____. *História da Revolução Constitucionalista de 1932*. São Paulo: Ibrasa, 2002.

DORIA, Pedro. *Tenentes*: guerra civil brasileira. Rio de Janeiro: Record, 2016.

FAORO, Raymundo. *Os donos do poder*. 4. ed. São Paulo: Globo, 2008.

FAUSTO, Boris. *A Revolução de 1930*. 10. ed. São Paulo: Brasiliense, 1986.

_____. *História do Brasil*. 12. ed. São Paulo: Edusp, 2007.

_____. "Brasil: estrutura social e política da Primeira República, 1889–1930". In: BETHELL, Leslie (Org.). *História da América Latina*: de 1870 a 1930. São Paulo: Edusp; Imprensa Oficial do Estado; Brasília, DF: Fundação Alexandre de Gusmão, 2008, pp.761-928. v. V

_____. *Trabalho urbano e conflito social 1890–1920*. 2. ed. São Paulo: Companhia das Letras, 2016.

FELIZARDO, Joaquim J. *História da nova República Velha*: do Manifesto de 1870 à Revolução de 1930. Petrópolis: Vozes, 1980.

FICO, Carlos. *História do Brasil contemporâneo*. São Paulo: Contexto, 2016.

FIGUEIREDO, Lucas. *Ministério do silêncio*: a história do serviço secreto brasileiro de Washington Luís a Lula 1927–2005. Rio de Janeiro: Record, 2005.

FIGUEIREDO, Luciano (Org.). *História do Brasil para ocupados*. Rio de Janeiro: Casa da Palavra, 2013.

FLORES, Moacyr. *História do Rio Grande do Sul*. 9. ed. Porto Alegre: Martins Livreiro, 2013.

FRANCO, Afonso Arinos de Melo. *Um estadista da República*: Afrânio de Melo Franco e seu tempo. Rio de Janeiro: Nova Aguilar, 1976.

FRANCO, Sérgio da Costa. *Dicionário político do Rio Grande do Sul 1821–1937*. Porto Alegre: Suliani Letra & Vida, 2010.

_____. *A guerra civil de 1893*. 2. ed. Porto Alegre: Edigal, 2012.

FONTOURA, João Neves da. *Memórias*: Borges de Medeiros e seu tempo. Porto Alegre: Globo, 1969. v. 1.

_____. *Memórias*: a Aliança Liberal e a Revolução de 1930. Porto Alegre: Globo, 1963. v. 2.

GRIEG, Maria Dilecta. *Café*: histórico, negócios e elite. São Paulo: Olho d'Água, 2000.

GOMES, Ângela de Castro. "Vargas exemplar". In: FIGUEIREDO, Luciano (Org.). *História do Brasil para ocupados*. Rio de Janeiro: Casa da Palavra, 2013.

GOMES, Angela de Castro (Coord.). *Olhando para dentro*: 1930–1964. Rio de Janeiro: Objetiva, 2013. (Coleção História do Brasil Nação, 1808–2010). v. 4.

GUEDES, Ciça; MELO, Murilo Fiuza de. *Todas as mulheres dos presidentes*: a história pouco conhecida das primeiras-damas do Brasil desde o início da República. Rio de Janeiro: Máquina de Livros, 2019.

HAYES, Robert A. *Nação armada*: a mística militar brasileira. Rio de Janeiro: Bibliex, 1991.

HERNANDEZ, Leila M. G. *Aliança Nacional Libertadora*. Porto Alegre: Mercado Aberto, 1985.

HERZ, Daniel. *A história secreta da Rede Globo*. Porto Alegre: Tchê!, 1987.

HOFBAUER, Andreas. *Uma história de branqueamento ou o negro em questão*. São Paulo: Unesp, 2006.

HOLANDA, Sérgio Buarque de. *Raízes do Brasil*. São Paulo: Companhia das Letras, 2007.

IMPRENSA OFICIAL DO ESTADO DO RIO DE JANEIRO. *Palácio Guanabara de portas abertas*. Rio de Janeiro: Imprensa Oficial, 2019.

INOJOSA, Joaquim. *República de Princesa*. (José Pereira x João Pessoa – 1930). Rio de Janeiro: Civilização Brasileira, 1980.

JANOTTI, Maria de Lourdes Monaco. *Sociedade e política na Primeira República*. São Paulo: Atual, 1999.

JORGE, Fernando. *As lutas, a glória e o martírio de Santos Dumont*. Rio de Janeiro: HarperCollins Brasil, 2018.

JUVENAL, Amaro; FISCHER, Luís Augusto. *Antônio Chimango e outros textos*: ensaio e notas de Luis Augusto Fischer. Porto Alegre: Artes Ofícios, 2001.

LAGO, Luiz Aranha Corrêa do. *Oswaldo Aranha, o Rio Grande e a Revolução de 1930*: um político gaúcho na República Velha. Rio de Janeiro: Nova Fronteira, 1996.

LEAL, Victor Nunes. *Coronelismo, enxada e voto*: o município e o regime representativo no Brasil. 4. ed. São Paulo: Companhia das Letras, 2012.

LESSA, Barbosa. *Borges de Medeiros*. Porto Alegre: Tchê, 1985.

LIMA, Luiz Octavio de. *1932: São Paulo em chamas*. São Paulo: Planeta do Brasil, 2018.

LIMA, Valentina da Rocha; RAMOS, Plínio de Abreu. *Tancredo fala de Getúlio*: depoimento Programa de História Oral, CPDOC–FGV. Porto Alegre: L&PM, 1986.

LOVE, Joseph. *O regionalismo gaúcho e as origens da revolução de 1930*. São Paulo: Perspectiva, 1975.

LUSTOSA, Isabel. *Histórias de presidentes*. Rio de Janeiro: Agir, 2000.

LUZ, Milton. *A história dos símbolos nacionais*. Brasília: Senado Federal, 2005.

MACAULAY, Neill. *A Coluna Prestes*. São Paulo, Difel, 1977.

MARTINS, Ana Luiza. *História do café*. 2. ed. São Paulo: Contexto, 2012.

MARTINS, Franklin. *Quem foi que inventou o Brasil?*: a música popular conta a história da República. Vol. 1 – de 1902 a 1964. Rio de Janeiro: Nova Fronteira, 2015.

MEDEIROS, Daniel H. *1930, a revolução disfarçada*. São Paulo: Editora do Brasil, 1989.

MELLO, José Carlos. *Os tempos de Getúlio Vargas*. Rio de Janeiro: Topbooks, 2011.

MINELLA, Ary César. *Banqueiros*: organização e poder político no Brasil. Rio de Janeiro: Anpocs, 1988.

MORAIS, Fernando. *Olga*. 17. ed. São Paulo: Companhia das Letras, 1994.

_____. *Chatô*: o rei do Brasil, a vida de Assis Chateaubriand. São Paulo: Companhia das Letras, 1994.

MOREIRA, Maria Eunice (Coord.). *Da Abolição à República*: a literatura conta a História. Porto Alegre: CPL/PUCRS, 1989.

NABUCO, Carolina. *Oito décadas*: Memórias. Rio de Janeiro: Nova Fronteira, 2000.

NAUD, Leda Maria Cardoso. "Estado de sítio". Parte 1. *Revista de Informação Legislativa*, v. 2, n. 5, pp. 134-180, mar. 1965.

_____. "Estado de sítio". Parte 2. *Revista de Informação Legislativa*, v. 2, n. 6, pp. 61-88, jun. 1965.

_____. "Estado de sítio". Parte 3. *Revista de Informação Legislativa*, v. 2, n. 7, pp. 121-148, set. 1965.

_____. "Estado de sítio". Parte 4. *Revista de Informação Legislativa*, v. 2, n. 8, pp. 49-74, dez. 1965.

_____. "Estado de sítio e suspensão das liberdades individuais". *Revista de Informação Legislativa*, pp. 227-238, dez. 1966.

NETO, Lira. *Getúlio*: dos anos de formação à conquista do poder (1882–1930). São Paulo: Companhia das Letras, 2012.

_____. *Getúlio*: do governo provisório à ditadura do Estado Novo (1930–1945). São Paulo: Companhia das Letras, 2013.

_____. *Getúlio*: da volta pela consagração popular ao suicídio (1945–1954). São Paulo: Companhia das Letras, 2014.

NICOLAU, Jairo. *História do voto no Brasil*. Rio de Janeiro: Jorge Zahar, 2004.

NOLL, Maria Izabel; TRINDADE, Hélgio (Coords.). *Estatísticas eleitorais do Rio Grande da América do Sul, 1823–2002*. Porto Alegre: Editora da UFRGS/Assembleia Legislativa do Estado do Rio do Grande o Sul.

NOVAIS, Fernando A. (Coord. geral); SEVCENKO, Nicolau (Org.). *História da vida privada no Brasil – República*: da Belle Époque à Era do Rádio São Paulo: Companhia das Letras, 1998.

PINSKY, Jaime; PINSKY, Carla Bassanezi (Orgs.). *História da cidadania*. São Paulo: Contexto, 2008.

PEIXOTO, Alzira Vargas do Amaral. *Getúlio Vargas, meu pai*. Rio de Janeiro, São Paulo, Porto Alegre: Globo, 1960.

PEREIRA, Lígia Maria Leite; FARIA, Maria Auxiliadora de. *Presidente Antônio Carlos*: um Andrada da República: o arquiteto da Revolução de 30. Rio de Janeiro: Nova Fronteira, 1998.

PRADO JÚNIOR, Caio. *Formação do Brasil contemporâneo*. São Paulo: Brasiliense, 1979.

PRESTES, Anita Leocadia. *Luiz Carlos Prestes*. São Paulo: Boitempo, 2015.

_____. *Olga Benario Prestes*. São Paulo: Boitempo, 2017.

PRESTES, Maria. *Meu companheiro*. Rio de Janeiro: Rocco, 1992.

PRIORE, Mary del. *Histórias da gente brasileira*: Império. São Paulo: LeYa, 2016. v. 2.

_____. *Histórias da gente brasileira*: República – Memórias (1889–1950). Rio de Janeiro: LeYa, 2017. v. 3.

POLETTI, Ronaldo. *1934*. 3. ed. Brasília: Senado Federal, 2012. (Coleção Constituições Brasileiras). v. 3.

PORTO, Costa. *Pinheiro Machado e seu tempo*. Porto Alegre: L&PM, s/d.

PORTO, Walter Costa. *1937*. 3. ed. Brasília: Senado Federal, 2012. (Coleção Constituições Brasileiras). v. 4.

REIS, Daniel Aarão. *Ditadura militar, esquerdas e sociedade*. Rio de Janeiro: Zahar, 2005.

_____. *Luís Carlos Prestes*. São Paulo: Companhia das Letras, 2014.

REVERBEL, Carlos. *Maragatos e pica-paus*: guerra civil e degola no Rio Grande. 2. ed. Poro Alegre: L&PM, 1985.

RODRIGUES, Sérgio. *Elza, a garota*. Nova Fronteira, 2008.

ROSA, Virgínio Santa. *O sentido do tenentismo*. 3. ed. São Paulo: Alfa-Ômega, 1976.

RUSSEL-WOOD, A.J.R. "O Brasil Colonial: o Ciclo do Ouro, c.1690-1750". In: BETHELL, Leslie (Org.). *História da América Latina*: América Latina Colonial. São Paulo: Edusp; Imprensa Oficial do Estado; Brasília, DF: Fundação Alexandre de Gusmão, 2004. pp. 527-592. v. II.

SANTOS, Rafael José dos. *Das fronteiras do império*: a publicidade norte-americana no Brasil dos anos 1920. Caxias do Sul: Educs, 2010.

SCLIAR, Moacyr. *O texto, ou: a vida*: uma trajetória literária. Rio de Janeiro: Bertrand Brasil, 2006.

SEITENFUS, Ricardo Antônio Silva. *O Brasil de Getúlio Vargas e a formação dos blocos*, 1930-1942. São Paulo: Companhia Editora Nacional, 1985.

_____. *O Brasil vai à guerra*. 3. ed. Barueri: Manole, 2003.

SCHIRMER, Lauro. *Flores da Cunha de corpo inteiro*. Porto Alegre: RBS Publicações, 2007.

SCHNEIDER, Regina Portella. *Flores da Cunha*: o último gaúcho legendário. Porto Alegre: EST/Martins Livreiro Editor, 1981.

SCHUMAHER, Schuma; BRAZIL, Érico Vital. *Dicionário mulheres do Brasil*. Rio de Janeiro: Zahar, 2000.

SCHWARCZ, Lilia Moritz; STARLING, Heloisa Murgel. *Brasil*: uma biografia. São Paulo: Companhia das Letras, 2015.

SCHWARCZ, Lilia Moritz (Coord.). *A abertura para o mundo*: 1889-1930. Rio de Janeiro: Objetiva, 2012. (Coleção História do Brasil Nação, 1808-2010). v. 3.

SALES, Campos. *Da propaganda à presidência*. Brasília: Editora UnB, 1983.

SANTOS, Hélio Tenorio dos. *As batalhas de Itararé*. 2. ed. São Paulo: AHMTB, 2015.

SILVA, Hélio. *1930, a Revolução traída*. Rio de Janeiro: Civilização Brasileira, 1966.

_____. *O poder militar*. 3. ed. Porto Alegre: L&PM, 1987.

SILVA, Hélio; CARNEIRO, Maria Cecília Ribas. Coleção *Os presidentes*. São Paulo: Comunicação Três, 2004.

SILVA, Juremir Machado da. *1930*: águas da revolução. Rio de Janeiro: Record, 2010.

_____. *Correio do Povo*: a primeira semana de um jornal centenário. Porto Alegre: Sulina, 2015.

SILVA, Michel. *Maçonaria no Brasil*. Jundiaí: Paco Editorial, 2015.

SIMÕES, Moacir Almeida. *Brigada Militar*: trajetória histórica e evolução na Constituição. Porto Alegre: EdiPUCRS, 2014.

SIMPÓSIO SOBRE A REVOLUÇÃO DE 30. Porto Alegre: Erus, 1983.

SOARES, Mozart Pereira. *O positivismo no Brasil*. Porto Alegre: AGE/ Editora da UFRGS, 1998.

SODRÉ, Nelson Werneck. *O tenentismo*. Porto Alegre: Mercado Aberto, 1985.

_____. *A Intentona Comunista de 1935*. Porto Alegre: Mercado Aberto, 1986.

_____. *A República*: uma revisão histórica. Porto Alegre: Editora da UFRGS, 1989.

_____. *História da imprensa no Brasil*. 4. ed. Rio de Janeiro: Mauad, 1999.

TEIXEIRA, Francisco M. P.; TOTINI, Maria Elisabeth. *História econômica e administrativa do Brasil*. São Paulo: Ática, 1989.

TELAROLLI, Rodolpho. *Eleições e fraudes eleitorais na República Velha*. São Paulo: Brasiliense, 1982.

TIMM, Otacílio B.; GONZALES, Eugênio (Orgs.). *O Álbum Ilustrado do Partido Republicano Castilhista*. Porto Alegre: Livraria Selbach, 1934.

TRESPACH, Rodrigo. *Quatro dias em abril*. Porto Alegre: Martins Livreiro, 2016.

_____. *Histórias não (ou mal) contadas*: Revoltas, golpes e revoluções no Brasil. Rio de Janeiro: HarperCollins Brasil, 2017.

_____. *Histórias não (ou mal) contadas*: Segunda Guerra Mundial, 1939-1945. Rio de Janeiro: HarperCollins Brasil, 2017.

_____. *Histórias não (ou mal) contadas*: Primeira Guerra Mundial, 1914-1918. Rio de Janeiro: HarperCollins Brasil, 2018.

VARGAS, Getúlio. *Diário*. São Paulo: Siciliano; Rio de Janeiro: FGV, 1995.

VERGARA, Luiz. *Fui secretário de Getúlio Vargas*. Rio de Janeiro: Globo, 1960.

VERISSIMO, Erico. *Solo de clarineta*: memórias. 20. ed. São Paulo: Globo, 1994.

_____. *O tempo e o vento*. São Paulo: Companhia das Letras, 2004.

VIANNA, Helio. *História do Brasil*. 7. ed. Rio de Janeiro: Melhoramentos, 1970. 2. v.

VIANNA, Maria Lúcia Teixeira Werneck. *Getúlio Vargas (1883-1954)*. Rio de Janeiro: Três, 2005.

VIANNA, Marly de Almeida Gomes. *Revolucionários de 35*. São Paulo: Companhia das Letras, 1992.

_____. *Política e rebelião nos anos 30*. São Paulo: Editora Moderna, 1995.

WAACK, William. *Camaradas nos arquivos de Moscou*: a história secreta da revolução brasileira de 1935. Rio de Janeiro: Bibliex, 1998.

WEID, Elisabeth von der. *A expansão da Rio de Janeiro Tramway Light and Power ou as origens do "Polvo Canadense"*. Fundação Casa de Rui Barbosa. Disponível em: http://www.casaruibarbosa.gov.br/dados/DOC/artigos/o-z/FCRB_ElisabethvonderWeid_Expansao_RiodeJaneiro_TramwayLightandPower.pdf. Acesso em: 10 jan. 2020.

ARQUIVOS, INSTITUIÇÕES, FUNDAÇÕES E ORGANIZAÇÕES CONSULTADAS

ACERP – Associação de Comunicação Educativa Roquete Pinto, roquettepinto.org.br

Atlas Histórico do Brasil–FGV, atlas.fgv.br

BN – Biblioteca Nacional, www.bn.gov.br

Câmara dos Deputados, www.camara.leg.br

CHDD – Centro de História e Documentação Diplomática, www.funag.gov.br

CPDOC-FGV – Centro de Pesquisa e Documentação de História Contemporânea do Brasil da Fundação Getúlio Vargas, cpdoc.fgv.br

Frente Integralista Brasileira, www.integralismo.org.br
Fundação Casa de Rui Barbosa, www.casaruibarbosa.gov.br
Fundação Joaquim Nabuco, www.fundaj.gov.br
Hemeroteca Digital – Biblioteca Nacional, memoria.bn.br
IBGE – Brasil 500 anos, brasil500anos.ibge.gov.br
IHGSP – Instituto Histórico e Geográfico de São Paulo,
  www.ihgsp.org.br
ILCP – Instituto Luiz Carlos Prestes, www.ilcp.org.br
Memorial da Democracia, memorialdademocracia.com.br
Museu da República, museudarepublica.museus.gov.br
Museu Villa-Lobos, museuvillalobos.org.br
Palácio Guanabara, www.rj.gov.br

FOTOGRAFIAS

Cap. 1: HOLLAND, Sidney Henry. *Vista Geral da Cidade.* Brasiliana Fotográfica / Acervo Biblioteca Nacional. **Cap. 2:** *Manoel Ferraz de Campos Salles.* Acervo da Presidência da República do Governo do Brasil. **Cap. 3:** KIFURI, Jorge. *Vista aérea do Arpoador, Bairros de Copacabana e Ipanema.* Brasiliana Fotográfica / Arquivo da Marinha DPHDM. **Cap. 4:** *Photographia histórica, anno 1929. Palácio do Governo em Porto alegre. Apresentação da Directoria do primeiro Comitê Pro-candidatura Getúlio Vargas--João Pessoa.* Acervo Alzira Vargas do Amaral Peixoto / Fundação Getúlio Vargas – CPDOC. **Cap. 5:** *Aspectos do funeral de João Pessoa.* Acervo Epitácio Cavalcanti Albuquerque / Fundação Getúlio Vargas – CPDOC. **Cap. 6:** *Getúlio Vargas com seu Estado-Maior, no Paraná, durante a Revolução de 1930.* Acervo Antunes Maciel / Fundação Getúlio Vargas – CPDOC. **Cap. 7:** *Getúlio Vargas, Mena Barreto e outros membros da Junta Governativa no Palácio do Catete.* Acervo Cordeiro de Farias / Fundação Getúlio Vargas – CPDOC. **Cap. 8:** *Luís Carlos Prestes e outros presos políticos comunistas e integralistas são entrevistados pelo jornalista chileno José Joaquim Silva, na Casa de Correção da Capital Federal.* Acervo Getúlio Vargas / Fundação Getúlio Vargas – CPDOC.

MAPA

O Brasil percorrido por Vargas em outubro de 1930: Juca Lopes, com base no mapa *Revolução de 1930 – O Brasil em outubro de 1930*, de Bernardo Joffily, para o *Atlas histórico do Brasil*. Fundação Getúlio Vargas, 2016. Disponível em: https://atlas.fgv.br/marcos/revolucao-de-1930/mapas/o-brasil-em-outubro-de-1930.

Todos os esforços foram feitos para contatar e creditar devidamente os detentores dos direitos das imagens. Eventuais omissões de crédito não são intencionais e serão devidamente solucionadas nas próximas edições, bastando que seus proprietários contatem a editora.

Este livro foi impresso pela Lis Gráfica, em 2021,
para a HarperCollins Brasil. A fonte do miolo é Eskorte Latin.
O papel do miolo é pólen soft 80g/m², e o da capa é cartão 250g/m².